苏东坡传

人间有味是清欢

凉月满天——著

華中科技大學出版社
http://www.hustp.com
中国·武汉

图书在版编目(CIP)数据

人间有味是清欢:苏东坡传/凉月满天著.—武汉:华中科技大学出版社,2022.4(2024.4 重印)

ISBN 978-7-5680-8106-1

Ⅰ.①人… Ⅱ.①凉… Ⅲ.①苏东坡(1036-1101)-传记 Ⅳ.①K825.6

中国版本图书馆 CIP 数据核字(2022)第 044935 号

人间有味是清欢:苏东坡传
Renjian Youwei Shi Qinghuan:Su Dongpo Zhuan　　凉月满天　著

策划编辑:沈　柳
责任编辑:沈　柳
封面设计:琥珀视觉
责任校对:曾　婷
责任监印:朱　玢
出版发行:华中科技大学出版社(中国·武汉)　电话:(027)81321913
武汉市东湖新技术开发区华工科技园　邮编:430223
录　　排:武汉蓝色匠心图文设计有限公司
印　　刷:湖北新华印务有限公司
开　　本:880mm×1230mm　1/32
印　　张:8.75
字　　数:188 千字
版　　次:2024 年 4 月第 1 版第 4 次印刷
定　　价:48.00 元

序

苏轼是个恋生的人，连做神仙也不羡慕，你看他的“起舞弄清影，何似在人间”。

可是，人间又有什么好呢？“怀弟子由”，兄弟情深，不也一样天各一方？而且，人间有贬谪、有诬陷、有系狱，有恐慌、有焦虑、有忧心。

越是杰出的人，遇到这些灾祸的概率越大，所不同的只是人和人的不同反应。屈原幽愤沉江，曹操横槊赋诗，诸葛亮明知不可为而为之，刘伶辈寄情于酒，陶渊明怨而归隐。相较他们，东坡在泼天冤枉和迫害面前，显得平和得多。支撑他走过一生劫难的，倒更像是一种天真。

天真是老天生人而自带的真纯，这种真里有天生对世上美好事物的热爱，爱吃、爱睡、爱交友、爱好心情、爱诗、爱词、爱春花和秋月、爱生命。他像杰克·伦敦笔下的和狼搏斗的主人公一样，勇猛、坚持得让人敬畏。

东坡先生贵乎自知的同时，更是磊磊落落，如松生石上，如云开月明，襟怀豁达，绝不孤高自许，目无下尘，所以，他和酒徒来往，和娼妓来往，和挑夫贩卒来往。他为草民请命，和变法不当、误国殃民的新党抗争，和心胸狭隘、把新党好的一面也全面抹杀的旧党斗争，不惜丢官去职，一贬再贬。贬来贬去，一路贬到了海岛琼崖。

东坡贬官，他所到之处，惩办悍吏，灭蝗救灾，抗洪保堤，改革邑政，尽可能多地采取便民措施。这是为官本分，不必多说。不过，在贪官多如牛毛和酷吏敲骨吸髓的压榨之下，在官本位的封建社会里，有这样的好官，实属百姓之幸。

在整个文学史长河中，东坡是一代泰斗。诗不必多说；他也是豪放词派的创始人，有名的关西大汉，铁板铜琶，一曲大江东去尽得豪迈风流；书绝，他同蔡襄、黄庭坚、米芾并称"宋四家"；画绝，卓有主见，竹石自成骨格。

在整个思想哲学史长河中，东坡仍旧占据重要地位。他从本质上讲是个儒生，可是思想中却濡染了佛老气息。儒也，居于高位，主张"余以为知命者，必尽人事，然后理足而无憾"，"凡可以存存而救亡者无不为，至于不可奈何而后已"。这和"刑天舞干戚，猛志固常在"的精神一脉相承，只不过一个死而后已，一个死而不已。死后的事情无人知晓，活着执着已经十分难能可贵，更何况东坡的执着没有一毫的私利之心。被捕遭贬，被谗遭忌，却又旷达超然，"游于物之外"，"无所往而不乐"。

他历尽磨难也不怀石自沉，整天受海南岛的暑热湿瘴熏蒸也没有得不治之症。贫而无衣，穷而无援，他还身板站得直直的，还能够笑得出来。

东坡什么品质都不缺，少的是剑拔弩张、决眦欲裂的愤怒。

他面对诬蔑和迫害也恐惧，也害怕，但不以头触柱、破口大骂，反而在牢里面呼呼大睡。

好容易捡回一条命来，但被贬官远地，不但能睡得着，而且睡得美，美起来赋诗一首："抒说先生睡未足，着人休撞五更钟。"贬他的章惇一看：嚯，东坡过得蛮惬意，再贬！得，又贬得更远了。

远了不怕呀，流放到琼崖海岛，他又馋上荔枝了，"日啖荔枝三百颗，不辞长作岭南人"。吃蚝也吃上了瘾，写信叮嘱别人，可别告诉人家，怕那些京官都谋着外调，跑这里来分他的蚝吃。

蜀犬吠日，越犬吠雪，高风亮节的人太少了，引得小人如此的惊悸，急欲除之而后快。

你不是高吗？贬你、囚你、发配你。

你不是洁吗？诬你、陷你、污秽你。

你不是笑吗？惊你、吓你、折磨你。

如有可能，除掉你。

"某始就逮赴狱，有一子稍长，徒步相随，其余守舍皆妇女幼稚。至宿州，御史符下，就家取书。州郡望风，遣吏发卒，围船搜取，长幼几怖死。"抓文人，不是抓大盗，如此劳师动众，让人痛恨，吓得大人孩子哇哇哭叫，女人骂东坡："你就爱写书，写书有什么好处？吓死我了！"

苏轼也后悔，书稿"悉取焚之"。用心血凝成的文字，十之七八化成灰烬了。

黛玉焚稿断的是对宝玉的痴情，苏轼焚稿是想断了对文字的痴情，火光里飞舞着一群流泪的灰蝴蝶。

可是，痴情能断吗？苏轼今生肯三缄其口、断墨封笔吗？天赋异秉，激情涌动，灵慧之气在胸中左冲右突，找不到出口。“欲吐狂言喙三尺，怕君嗔我却须吞”。把将要冲口而出的诗句咕嘟一声吞进肚里，真难受。

不过，东坡就是东坡，“恶衣恶食诗愈好，恰似霜松啭春鸟”。又写起来了，真像一个屡教不改的惯犯，又像一个摔得鼻青脸肿仍不改其志的小孩子，天生的纯真里闪烁着美丽的光芒。

这就是不肯随其流而扬其波、哺其糟而啜其醨的东坡，被辱受创，赤子之心不改。

这个人的生机和活力怎么都压制不住。受了多少苦，起而复降多少次，仍旧初衷不改，是为真丈夫。

人类自从私有制确立，就有了竞争、比较，连打扑克都有争上游。有的争盛名，有的争厚利，有的比才气，技不如人，才不如人，若非心怀恬淡，就必然会产生极阴暗的嫉妒心理。这种心理所导致的最直接的行为就是造谣中伤、打击排挤，越不修养自身，对其善加掌控，“恶之花”就开得越艳。东坡才气太高，位列文士之首，以其磊落之心，给了阴暗的文人群体以巨大的心理压力。天生的一双赤子眼睛，看不透，或者说觉得不值得去看透和研究世上的虚伪、奸狡、阴毒，于是东坡被诬陷、被关监、被贬谪到了荒山野岭，差一点就成了恶的牺牲品，被献上人性的祭坛。

人来抓了，凶神恶煞般到处乱搜乱嚷，吓坏了妇女小孩，他也吓得要死，惶恐不安，几欲投水，在监狱里又几欲轻生，所幸最终他没有。

生在东坡之后是我们的幸运，目睹他的命运在生死一线间徘徊，我这后人又替他捏一把冷汗。

东坡去世了，终于没有像他担心的那样死在海南荒芜之地。徽宗即位，他遇赦北归，第二年死在了常州。

他死了，朋党之争仍未结束。新党上台，当权群小恨不得对苏轼食肉寝皮，把以他为首的元祐年间的蜀党开列了一份长长的黑名单，刻在石碑上，树立全国各县，诏告天下：凡是碑上有名的这三百零九人，本人及其子孙皆永远不得为官，皇家子女亦不得与这些人的后代通姻，就是订了婚，也要奉旨取消。

这就是著名的元祐党人碑，它本来立着是要对苏轼等人斩草除根的，却不料事与愿违，苏轼之名越传越远、越叫越响了，“士大夫不能诵东坡诗，便自觉气索，而人或谓之不韵”。

到了现在，宵小奸徒因了东坡而扬其恶名，也算做到了千古不朽，而苏轼仍旧高踞文学史的顶峰，俯瞰群雄。

生于屈子之后，五柳之后，李杜之后，东坡之后，雪芹之后，何其幸哉。深夜翻书，读着他们的文字，我心里生发出久违的高尚情感。这些文字若绵绵细雨，滋养了整个干涸的文化沙漠和人的心田，成了人的心灵最后一片绿洲。假如这个世界没有他们，会是什么样子？

他们付出的不仅是心血，还有疼，还有悔，还有饥饿和病酒，还有伤痛和疲惫，还有异地漂泊、孤村僵卧、愤而自戕。

苏子自诞生到死亡，他的人已经消失，文字和精神却始终没有湮灭，经过代代打磨，越发煜煜生辉。可是只有越来越少的人能静下心来关注一下这个天真的古人了，东坡的坦荡敌不过现世的蝇营狗苟，东坡的才气敌不过现世闪闪发光的黄金白银，东坡的高尚敌不过现世追求的高官厚禄。

现世里可以出大作家，却出不了苏东坡了；可以出大哲学家，也出不了苏东坡了；可以出大政治家，也出不了苏东坡了。东坡这个成年的、长满胡子的大男人眼睛里的纯净和天真烂漫成了稀缺之物。

欧阳修看了苏轼的文章，说："当令此人出一头地。"果然，前辈给后辈让路，大加引荐，由是苏轼才文名大振。东坡给还没出名且小他十岁的黄庭坚写结交信的时候，口气又是那样的谦和有礼，绝不盛气凌人。现在还有谁肯避让称扬，让别人出一头地呢？互相贬抑倒是层出不穷，阴暗的角落里充塞的那都是什么？

东坡的命运如此。他生于古世，群小围困，天生英才多磨难，梅花的香都来自苦寒。

林语堂笔下的东坡机智、幽默、诙谐、豁达、顽皮；余秋雨笔下的东坡悲壮、气沮、疲惫、狼狈；《赤壁赋》中的东坡深思、睿智，有隐逸之志，气质沉静而神思飞扬；"大江东去"中的东坡豪迈；"明月几时有"中的东坡清丽；悼亡诗和祭小二娘的祭文中的东坡深情款款，悲哀无限。

这个人很难定位，真像他自己作的禅诗了，"横看成岭侧成峰，远近高低各不同"。走近他，就是发现一座宝藏；走进他，就是走进一座迷宫。到处是他的诗文、他的言笑、他的传奇、他的精神，他仰天大笑的身影镶在蓝天之上，熠熠生辉。

目录

人间有味是清欢

苏东坡传

第一章

新科进士

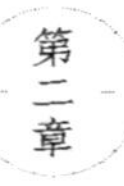

初入仕途

第三章 杭州通判

第四章 乌台诗案

第五章

黄州东坡

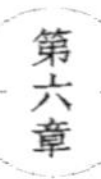

盛衰跌宕

第七章 彻底离开

人间有味
是清欢

苏东坡传

第一章 新科进士

第一节 四海雍熙、八荒平静

英国历史学家汤因比说："宋朝是最适合人类生活的朝代，如果让我选择，我愿意生活在中国的宋朝。"

他这句话是基于大量的事实而得出来的结论。抛开历史学家这段带有个人倾向色彩的言论不谈，在普通人的心目中，宋朝一直是人类历史长河中十分宜居的朝代。

就像一个被岩石挤压的球体，内部形成有着勃勃生机的生态链。今人透过重重光阴，可以看到内里的苍苍云海，古木参天，鸟鸣啾啾，飞瀑如带。也可以看到内里的小人儿们左聚一团、西聚一撮，小孩子们抽陀螺、踢毽子、放风筝，大人们去勾栏瓦舍消磨光阴：身体健壮的参加关扑比赛，身体灵活的参加蹴鞠较量，有兴趣的可以猜个谜儿，赢两贯铜钱。逛累了，可以到茶摊前闲坐，肚子饿了，可以在饭馆里填饱饥肠，可以吃火腿、火锅之类的食物。

无比和乐、心安。

这就是宋朝。

不，这只是宋朝的一个面儿：内面。

它的外面，是挤压得它的活动范围越缩越小，乃至快要变形的坚硬的岩石层。

宋朝武弱文强，不爱打仗，这是众所周知的事实。

因为不爱打仗，就在很大程度上避免了对百姓的苛捐杂税、横征暴敛和征卒万里、不能归乡的惨状，百姓这才可以在生产之余，逛逛街，吃吃小吃，玩玩乐乐，愉悦身心。

但是，这样的做派让它犹如一只入了狼群的肥羊，引来了周遭外敌的虎视眈眈。

肥羊之所以被称为肥羊，是因为肉多。

宋真宗在位期间，宋朝和辽国打仗，在打赢了的情况下，居然还定下一个倒给钱的澶渊之盟，大意就是：我大宋天朝上邦打赢了，不过看你这偏邦小国活得可怜，所以，我每年给你发一大笔压岁钱。

这就是“岁币”。

和西夏打仗也是照此办理。

如果是武将做出这样的决策，在当时的环境下，等同于资敌：拿自己的肉把狼养肥，是怕狼不冲着自己再次张开血盆大口吗？

但是武将基本上是没资格参与大政方针的决策的，这一点由宋朝的政体结构决定。

宋朝名义上是皇帝做主，实际上是士大夫和皇帝共治，说白了就是文官主事。

文官最怕什么？一是怕打仗，二是怕武官上位。一打仗，就是武官攒军功上位的机会，军功多了，地位高了，就把文官踩下去了，所以，宁可少打仗。而且，也不能让武将太坐大了，当初太祖爷怎么立的国，大家心里清楚得很。万一再有个武将披一下黄袍，我大宋岂不就危矣殆哉？

可以说，宋朝的舒适宜居、和平安定是通过薅自己的羊毛换来的。

但是贩夫走卒、黔首之流对这些既不懂得，也不关心，他们所求，不过二字：安稳。

而安稳的生存土壤，催生了欣欣向荣的盛世清平景象。

苏轼就生在宋代。

而且很幸运的是，他生在宋仁宗时代。

可谓既得其时，又得其人。

仁宗赵祯，宋朝的第四位皇帝。

赵祯在传统戏剧和电影、电视中的出镜率特别高，大部分时候是当配角，比如《狸猫换太子》。

故事内容讲的就是宋真宗时，刘后与内监郭槐合谋，以剥皮狸猫调换李宸妃所生婴儿，李宸妃遂被打入冷宫。后来，刘后又企图把李宸妃烧死，李宸妃被宫人冒死救出，流落民间。

真宗死后，仁宗赵祯即位，包拯奉旨赴陈州勘察国舅庞煜放赈舞弊案。途中，包拯受理李宸妃冤案并为其平冤，迎李宸妃还朝。

其实现实没那么残酷，仁宗生母确为李宸妃，当时刘后无子，真宗就把他送给刘后抚养，刘后当然不肯告诉他谁是其亲生母亲，于是赵祯一直以为刘后就是自己的生母，而孝事生母，不是天经地义的事情吗？

就在他孝事刘后的时候，亲生母亲悄无声息地死掉了，他却毫不知情。后宫的人是知道的，前朝也有人知道。可是哪怕周围的人都知道，仁宗也不知道。

到他登基为帝，知道实情时，李宸妃已死，说再多也是无用。

在《狸猫换太子》这出戏中，宋仁宗其实是一个配角，主角是包拯。

在戏里，包拯被称为包青天，因为他有三口铡刀，龙头铡铡横行勋戚，虎头铡铡不法官员，狗头铡铡盗匪奸民。其实哪有这回事，宋朝的执法部门又不是他的一言堂，岂容他说铡就铡。

不过包拯敢说话是真的，敢喷皇帝一脸——字面上的意思，实打实地唾沫星子喷一脸。

仁宗赵祯宠爱张美人，张美人想让自己的伯父张尧佐担任宣徽南院使这个虚职，皇帝打包票说没问题。可是他刚要下达任命张尧佐的诏书，包拯就站出来长篇大论地反对，越说越激动，唾沫溅了仁宗一脸。皇帝下朝后，对张美人说："你只管要宣徽使，不知道包拯是谏官吗？"

人们印象中的皇帝，上承天命，下安黎民，万万人之上，强大，奢华，自尊，高傲，不苟言笑。

可是这样的模板，仁宗套不上。

仁宗的生活特别俭省，自奉甚薄。

——因为他要为他的父皇真宗背锅。

一方面要向辽国和西夏输出岁币，另一方面真宗后期东封西祀，就是去东巡泰山封天禅地、幸曲阜祭孔子；西至汾阴登坛祀后土、拜谒太清宫。

真宗花钱花疯了。

公元 936 年，石敬瑭反唐自立，向契丹求援。契丹出兵扶植他建立后晋。天福三年（938 年），石敬瑭把燕云十六州割让给契丹，使契丹的疆域扩展到长城沿线。

宋太祖赵匡胤一直对燕云十六州念念不忘，打算用钱把它们买回来，所以设置了封桩库，把每年花不完的钱存在这里。

——真宗却把存的钱都花光了，这且不算，还寅吃卯粮，入不敷出。

到了宋仁宗一代，一次，大臣到福宁殿奏事，见宋仁宗用的床帐、垫具都很破旧，心下不忍。赵祯却说："朕居于宫中，自己日常生活的享用正是如此。这也是百姓的膏血啊，可以随便浪费吗?"

谏官劝皇帝减少宫中仆役，仁宗的梳头太监恃宠多了两句嘴："大臣家里尚且都有歌伎舞女，一旦升官，还要增置。陛下侍从并不多，他们却建议要削减，岂不太过分了!"又说："如果采纳，请以奴才为削减的第一人。"

赵祯真就把他和另外二十九人削减出宫，理由是："他劝朕拒绝谏官的忠言，朕怎能将这种人留在身边。"

又有一次，深夜，仁宗处理政务到深夜，累了，想喝碗羊肉热汤，也是忍饥没说。他对皇后说："朕昨夜如果喝了羊肉汤，御厨就会夜夜宰杀，一年下来要数百只，形成定例，日后不知道要杀多少。为朕一碗饮食，创下这个恶例，且又伤生害物，我不忍心，宁愿忍一时之饿。"

因为他的清明仁善，所以他在位期间，宋朝才会"四海雍熙、八荒平静，士农乐业、文武忠良"。

《邵氏闻见后录》载：嘉祐二年（1057年）秋，契丹派使者来求取赵祯的画像，然后带回去。辽道宗耶律洪基亲迎，端肃而拜，说："我若生中原，不过与之执鞭持盖一都虞侯耳!"他自认如果生在中原，只配给宋仁宗拿着鞭子，张着伞盖，当个随从罢了。

第二节　表里洞达的苏序

苏轼生在这样的时代，他很幸运。

而且他还生在眉山一个很好的家庭里。

眉山位于成都平原西南。此地山柔水柔，烟笼人家，林木繁花。

就是这个温柔的地方，出了一个堪称糙汉的苏轼。

在后人的眼里，苏轼绝对算不上一个温柔清俊的斯文小生，像戏台子上的公子一样，戴着方巾，踱着八字步，笑起来的时候舌头根子往后挺，发出的是后膛音儿："啊哈哈哈哈哈……"

但是，他比这些戴方巾、踱八字步、笑起来发后膛音儿的公子们写出了更好、更深沉、更温柔博大的诗文。

他的诗文已经好到了这种地步：人们已经忽略了他的长相，或者说，写得出这样的诗词文章，他爱长什么样，就长什么样。

他还有一个弟弟，叫苏辙，在后世人的心目中，倒是一个温柔端方的君子形象。

他们的父亲叫苏洵。

苏轼出生于宋仁宗景祐三年十二月十九日（公元1037年1月8日）。

他出生那年，苏洵二十八岁。

苏洵就是《三字经》里的苏老泉："苏老泉，二十七，始发愤，读书籍。"他开始发奋读书的第二年，苏轼降生。

苏家有房有地，日子过得很滋润，孩子们出生后都请了奶妈。

苏轼的爷爷叫苏序，是一个很有意思的老人。

苏轼出生的时候，苏序已经六十三岁了。苏序是一个不爱说话的老者，自有主意，身体健壮，好饮酒，性格豪放，脑子聪明而想法怪诞。

当时家家都想办法囤积白米，他却偏积稻谷，还用家里的白米换人家的稻谷。大家都笑话他傻，可是灾荒来的时候，就知道他的举动多有道理：

白米不能久放，久放失了油性，新米变成陈米，既爱生虫，又易腐坏。稻谷却耐存放，所以到了荒歉年间，他一家吃的白米足够，还有余力周济旁人。

"苏门六君子"之一的李廌在《师友谈记》中写苏序在房前

屋后都种上了芋头，每年丰产。

眉山人家一般不吃芋头，也想不到要种它。灾年来了，苏序叫人把芋头用大甑蒸熟，放到门外，谁饿谁拿。

苏序有三个儿子，长子苏澹，次子苏涣，季子苏洵。

苏涣年纪轻轻即考中进士，到京城做官。苏轼忆他二伯父中进士做官后回家的情形："天圣中，伯父解褐西归，乡人叹嗟，观者塞途。"

他写得比较克制，苏辙在《伯父墓表》中写得更真实："（伯父）登科，乡人皆喜之，迎者百里不绝。"

苏涣给当地人开了一个好头，"至涣以进士起家，蜀人荣之，意始大变，皆喜受学。及其后，眉之学者至千余人，盖自苏氏始。"这是曾巩在《赠职方员外郎苏君墓志铭》中的原话。

苏序的长子苏澹是在弟弟之后考中进士的，只不过三十多岁就病逝了。

到了苏洵父子三人，则青出于蓝而胜于蓝。在苏洵父子之间，也是雏凤清于老凤声。

说到苏涣考中进士，乡人百里来迎的盛大场景，在其父苏序眼里，却浑若无事发生。

喜信来的时候，苏序正在田埂喝酒，听到喜讯，头也不抬，继续就着牛肉喝酒。喝完酒，醉醺醺的，把喜报和牛肉一股脑往口袋里一扔，让人背着，他脸红彤彤的，骑在驴上东摇西晃地进了城，路边人都指着他笑："看，醉了，又醉了。"

苏轼的舅舅程浚也中了进士，苏轼的外公程文应好一番张罗，喜气盈门，大宴宾客。程文应想和苏序一起高兴一下，他来找苏序的时候，发现亲家公正骑在毛驴上，醉得东倒西歪呢！

程文应上前一把拉住驴缰绳："亲家，这可是大事呀，你怎么能这么随随便便的？"

"嗯，嗯，嗯，啊，啊，你说啥？"

程文应一扭头，不搭理他了。

苏轼说："公幼疏达不羁。"苏洵说父亲"表里洞达，豁然伟人也"。

苏轼的随性乐天的性格起源找到了。

苏洵说其父"性简易，无威仪，薄于为己而厚于为人，与人交，无贵贱皆得其欢心"。

凡事都喜欢简简单单，又于形象方面不上心、不计较。厚于待人而薄于待己，和人交往的时候，无论对方身份贵贱，他都喜欢，别人也喜欢他。

比如说，走在路上，与人相遇，苏序会先站在路旁，对人鞠躬行礼。他不会看对面来的人是士大夫还是平头百姓，他只是尊人重礼，并不看衣冠身份。

平时无事，苏序就骑上一头小毛驴，提上一个酒葫芦，哼着小曲儿，“滋儿”呷一口酒，唱几句，再“滋儿”呷一口酒，再唱几句。驴蹄在青石板路上“嗒嗒”地踩出清脆的声音，载着他走到这里，走到那里。

遇见谁，他就抬抬手，打个招呼，开句玩笑，大家哈哈一乐，然后他又骑着毛驴走远了。人家看他，一步步“嗒嗒”地隐入了花间柳间，林里溪边，田头地垄，伴着不成腔调的歌声。

苏序是一家之长，却不治家事，把治家的任务交给家中诸子。可是，族中有人求他做事，他却为人谋划极尽心思，反复奔波，无有已时。

没米没面的人家，他送人家米面；缺棉被的人家，他送人家棉被。

荒歉年间，为了救乡邻亲族的急难，他干脆卖掉田产。到年丰岁熟时，乡亲们想报答他，他亦不受。

他的这种特质后来延续到了苏轼身上。

当时眉山人口口相传，说有一个叫茅将军的神道马上就要降世；阴阳先生也装神弄鬼，推波助澜，于是家家户户凑钱盖起一座茅将军大神庙，一时之间，香火旺盛，香客如云，求子求财求官无所不求，被骗钱也甘之若饴。

这些香火信众里面，没有苏序。

他一直在冷眼旁观。

过了一阵子，他觉得邪风太盛，不能忍，于是喝得醉醺醺的，叫上二十来个乡亲，冲进去把茅将军神像砸得粉碎，扔进水里，并拆了神庙！

神庙被拆，苏家无恙，这个所谓的茅将军并不灵验。

后来，他的大儿子苏涣也中了进士，他到剑门迎接，经过七家岭，又看见一座茅将军庙，怒上心头："妖神你还敢作怪！"又要带人拆庙。

看庙的赶快求饶，说茅将军已经早早托梦，说苏七君将至，求苏七君宽恕。大家也都纷纷相劝，他才作罢。

后来苏轼做了官，也和神道吵架，不肯屈服。

苏序的一生，就是这么活泼灵动，生气灌注，漫天遍野，他只管随心所欲。

苏序的一些基因隔代遗传给了苏轼，这对爷孙的性情相似程度几乎能够达到百分之八十五，不同的那百分之十五，是受限于苏序的受教育程度。

苏洵的性情和次子苏辙相似。在人类基因长河里，因基因造就的性情相似，和因血缘形成的相亲相爱，牵牵绊绊，纠纠缠缠，编织起光阴长河里一出出韵味绵长的大戏。

第三节　同年娶妻的兄弟

现在，我们需要研究一下苏轼和苏辙两兄弟的名字由来。

苏轼的“轼”，指古代车厢前面用于扶手的横木，就是木头杠子。说句开玩笑的话，如果他没有考出来，在村里，他就可以把小名叫成苏木头杠子。

苏辙的“辙”，则是指车辙，车轱辘印。苏辙的小名就可以叫苏车轱辘印。

这是两个俗气至死的名字，却名因人贵。

苏洵给大儿子起名苏轼，字子瞻，意思是抓牢把手往前看；给次子起名苏辙，字子由，由就是向前走，意思就是跟着车印往前走。

这样的名字寄托着苏洵对两个孩子的期许，希望他们一生稳妥，不倾覆，不迷途。这是普天下所有做父母的对儿女的心愿。人世多苦，颠颠扑扑，能安稳一些总是好的。

不过，再往深里揣摩，也可看出苏洵对这两个儿子的进一步期许：轼、辙都和车有关，所谓出有车，食有鱼，做父亲的希望儿子们能够有本事、有身份。

这个时候，他却又忽略了：世间人事，躺赢的到底是少数，吃得苦中苦，方能有车坐、有鱼吃。

两个名字，包含着相互矛盾的期许。做父母，就是如此矛盾得情不自禁。

至于苏洵，他的父亲苏序老爷子对他却没有很高的期许。老爷子对于儿子们基本上都放养，并不指望他们能够光宗耀祖、坐车食鱼，一切全凭各自兴趣。

苏洵十九岁娶眉山大理寺卿程文应的女儿程氏为妻。此时的苏洵并不努力读书，到处游荡，又不懂挣钱养家。为此，程氏很是不乐，苏洵后来自己也承认："昔予少年，游荡不学，子虽不言，耿耿不乐，我知子心，忧我泯没。"

后来，他在《上欧阳内翰第一书》中写道："生二十五年始知读书，从士君子游。"也就是说，他到二十五岁才算知道读书了，也知道和读书人交往切磋了。

传说有一年过端午节，程氏看他一直在书房苦读，早饭也忘了吃，就剥了几只粽子，连一碟白糖给他送去。过一阵子去收盘子，发现粽子没了，糖碟还在，苏洵的嘴边全是墨，原来他读书入神，把砚台当了糖碟。

但是苏洵屡次参加科举，始终不能登科，他不是闭户读书，就是赴考上路。一应家事，尽委程氏。她孝养公婆，抚育子女，还在眉山城南纱谷行街上租来一栋宅子，经营起布帛织物的生意，一心支持丈夫读书。

苏洵二十八岁那年，公元 1037 年，苏轼出生，排行第五。

两年后，苏辙出生，排行第六。

他们上边还有四个兄姊，只是除了一个叫八娘的姐姐尚存，其余的都夭折了。

他们的家乡地气好，湿润而温和，多生竹柏，杂花其间。鸟也多，在树上做窝生蛋孵小宝宝，而且鸟也不知道怕人。北方的鸟巢筑在高高的大杨树顶上，他们那儿的鸟窝就筑在低矮的树枝上，想看望它们的家不需要登梯攀高，低着头就能往里头看了。想想吧，你在树丛里露一小鼻子，几只小奶鸟扁着黄嘴、直着脖子冲你唧唧叫……苏轼他们家还招来几只桐花凤，羽毛美丽，它们也不怕人。别人看见了都觉得是稀奇事。

苏轼的《记先夫人不残鸟雀》写的就是自己少年时，书房前“竹柏杂花，丛生满庭，众鸟巢其上”，几年后，“皆巢于低枝，其鷇可俯而窥也”。究其原因，是母亲程氏“恶杀生”，于是“儿童婢仆，皆不得捕取鸟雀”。

兄弟两个被母亲带着，从牙牙学语到垂髫幼童，掐花挖笋，骑竹看花。转眼苏轼八岁，要读书了。

他拜道士张易简为师，可能是受道家理念熏陶，所以他长大成人后，一直对于道家的炼丹颇感兴趣。

到弟弟苏辙也八岁，需要读书的时候，弟兄俩就都被送到眉山城西的寿昌书院去上学。这是当地最好的官办学校，他们的父亲的好友刘微之在那里任教。

苏轼读书的成绩很好，而且还给刘微之改诗。有一次，刘微之做了两句诗："渔人忽惊起，雪片逐风斜"，苏轼建议改为"渔人忽惊起，雪片落蒹葭"。

刘微之一琢磨其意境，雪片逐风飘飞，飞到蒹葭之上，蒹葭也白了头发，这个意境比"雪片逐风斜"更美，于是欣然从之。

程夫人是诗书家庭出来的女性，教苏轼学《后汉书·范滂传》。

主角范滂生于东汉末年，为官清正廉明，有澄清天下之志，却被人陷害，下狱丢命。临死前，范滂与母亲诀别，对母亲说："有弟弟仲博孝敬您就够了，我跟随先父去黄泉，是死得其所。只是希望母亲大人割舍这难以割舍的恩情，不要再增添悲伤了。"

他的母亲说："你现在能够与李膺、杜密齐名，死也无憾了！已有好名声，再求长寿，怎么能两者兼得呢？"

范滂下跪受教。

拜辞母亲，到底惨然，范滂回头对他儿子说："我想要你为恶吧，可是恶不可为；想要你为善吧，可是你看我，没有做过恶，却落如此下场。"

苏轼问母亲："如果我长大后成为范滂，您会怎样？"

程夫人笑："我儿，你如果成为范滂，我难道不能成为范滂的母亲吗？"

这个范滂，就是范仲淹的远祖。

学够了，苏轼就带着弟弟跑到自家的竹林里去玩。

看多了翠竹，心翠眼也翠，苏轼长大后对竹念念不忘："可使食无肉，不可居无竹。无肉令人瘦，无竹令人俗。人瘦尚可肥，士俗不可医。"

苏轼不光带着弟弟在竹林里玩，他还有一帮小跟班：堂兄弟、堂姐妹都跟着他一起玩。苏轼永远是热闹的，苏辙就安安静静的。这么一个带着，一个跟着，小兄弟两个就长大了。

后世传说苏东坡有一个妹妹叫苏小妹，其实他没有妹妹，他只有一个姐姐，叫苏八娘。

苏洵爱女儿，让女儿和两个弟弟一起读书。她写出来的文章，父亲十分喜爱。

十六岁时，她嫁给表哥——舅舅家的儿子程之才。

然而，她在婆家的日子过得并不快乐，郁郁而终。

苏洵又疼又怒，写了长长的一首诗《自尤》，自怨自怪，诗的矛头却直指程家：

“五月之旦兹何辰，有女强死无由伸。嗟予为父亦不武，使汝孤冢埋冤魂。”

可怜的苏洵，怒恨自己手无缚鸡之力，只会读书做文章，没办法替女儿报仇雪恨，只能委屈女儿一抔黄土，一冢孤坟，埋下一个冤魂。

他在诗里说女儿婚后三天归宁，就啼哭不止。婚后有病，被他接回来好生将养，将养得病情有了起色，却因为婆家人硬把孩子夺走，女儿连气带病，三天后就去世了。

苏洵如同剜心，在诗里哭天抢地，不停地忏悔说自己有罪：我的女儿要是有错也就算了，任打任杀，可是她没错，错在你们，你们程家家风不正，怎么忍得下心迫害我的女儿！偏偏我这个做父亲的又是个文人，不会跟人动粗，天啊天啊，我有罪啊！当初结这门亲我就不乐意，但是扭不过风俗，天下人你们都看看吧，不要拿儿女的婚姻当儿戏！“嗟哉此事余有罪。当使天下重结婚。”

苏洵饱读诗书，情怀激烈，毫不犹豫和妻族的亲戚利刃剖纸，划清界限。只是难为了程夫人。自己的娘家德行不修，逼死了自己的女儿，较之苏洵，她更急更痛，连连生病。

就这样，苏家的子女中，只剩了苏轼和苏辙兄弟两个。

而两个儿子也大了，要议婚了。人生事，就是这么悲喜交加，相递相续。

苏轼十八岁娶妻，同一年，苏辙也娶了媳妇。

苏轼的妻子成婚时十六岁，名叫王弗。她是进士之女，也是出自体面人家。

大婚前三日，媒人带着苏家准备的催妆礼：镜子、冠帔、粉盒等种种，登了王弗的家门，提醒她新娘子要好好梳妆打扮，准备出嫁了。

然后，媒人又带着王家回赠的花幞头回了苏家，因为明天王家的人要过来铺房，让苏家提前收拾一下，准备酒水招待。

苏轼家已经把婚床、桌椅之类的家具都准备好了，只待王家的人过来挂上床帐、床帏，铺设好枕席。同时，女方的嫁妆也一箱一箱地抬过来了。

宋朝人娶媳妇不需要多少彩礼，嫁女儿倒需要很多嫁妆。

就拿苏辙以后的事情来说吧，苏辙娶了媳妇后，起码生了七个女儿。为了给女儿筹办嫁妆，他特地卖掉了在开封近郊买的一块地，卖了九千四百贯，全让女儿带进了婆家。这时候是北宋后期，算上通货膨胀，货币贬值，一贯的购买力也差不多等同于现在的三百元人民币。九千四百贯大约等于人民币二百多万，将近三百万。怪不得苏辙会在日记里写他是“破家嫁女”。

苏轼和苏辙这么早结婚，和当时的风俗有关。

那时候特别流行“榜下捉婿”，考进士放榜的时候，家有女儿的人家会跑去看榜看人，若是看到哪位新晋进士年轻帅气，适合当女婿，就会一拥而上，“捉”回家去，问问家世，合合八字——八字这东西，让算命先生合，不合也是合，还是天作之合！然后就开始行嫁娶之事。不少寒门子弟娶不起媳妇的，就专心考试，考上了不愁人不把媳妇送上门来。

苏洵担心两个儿子将来中了进士，被人捉去当女婿，所以还是先娶为妙。由此可见，苏洵是不走寻常路的男人。

苏轼装扮一新，骑着高头大马，来到王家门前。婚车系着彩幔，鼓乐喧天，男方家的傧相先念诗：

“高卷珠帘挂玉钩，香车宝马到门头。花红利市多多赏，富贵荣华过百秋。”

女方家就把喜钱赏赐傧相、媒婆和赶车马的一干人等，然后簇拥新娘上轿。十八岁的苏轼坐在马上，是个年少英俊的小郎君。

到了苏家，新娘花轿抬进门，傧相念诗，执事放鞭炮，吹鼓手吹打起来，媒婆搀扶新娘下轿。新娘子被送进新房坐定，街坊四邻挤挤挨挨，争相围观。

时辰到了，新郎、新娘披红挂彩，行牵巾、合髻、交杯之礼。拜家庙的时候，新郎就要把新妇的盖头用秤杆挑去，让祖宗们瞧瞧家庭新成员的面目，以后好多加照顾。

拜罢福禄喜神和人间诸亲，新人入房，坐床撒帐，而后两人到喜床上分坐左右，一人取了一缕发合在一起，是谓“合髻”。媒人送上两杯由彩带合系在一起的酒，两人互饮一杯，将酒杯轻掷于地。正巧一仰一扣，媒人欢喜叫道：“大吉！”

及至苏辙，又是这个流程。至此，苏家添了两个新人。

说起来，苏轼和王弗的结缘还有一个传说。

王弗的娘家青神距苏轼的家乡十五里，据说青神有一个鱼池，里面的鱼通神，有人拍手它们就往外跳。

王弗的父亲想请人给这个鱼池起个名字，以此试人才气，若有人能起一个好名字，就有资格当自家的女婿。

才子们闻风而试，可是拟的名字都不合心意。苏轼命其名为“唤鱼池”，巧得很，王弗也给鱼池起了同样的名字：“唤鱼池”。

巧得很，有缘分。

就这样，苏轼用三个字换回一个妻。

王弗初嫁时，苏轼并不知她识字。只是在自己读书的时候，妻子在一旁作陪，对书上的文字很感兴趣。有时候，苏轼忘了篇章词句，她还能从旁提醒，苏轼亦惊亦喜。

就个性而言，王弗沉静细心，苏轼心直口快，若无王弗替他留心把关，又常对他劝谏，不知道他还要多惹出多少祸事来。

苏辙的妻子史氏出自眉州名门，和苏辙也是举案齐眉。

第四节 登科如拾芥

已经成家，就要立业了。

当时张方平以户部侍郎的身份坐镇益州，即蜀地，办公地点在成都。

苏洵给张方平写了一封信，想去拜访他，拿到他的介绍信，在当地参加科举。

当时，苏洵和苏轼、苏辙这三父子读书已经读出了名气，所以受到了张方平的接待。

苏洵和张方平见面之后，言语甚是相得，苏轼和苏辙的表现也让张方平惊艳，称他们是“国士”。张方平尤其对于苏轼观感极佳，说他是人间骐骥。

苏洵准备让孩子们在蜀中应乡试，张方平是谋国之臣，建议他们赴京应举。

——宋朝有“举茂才”的做法，就是为官一方，若是看到自己的治地有人才埋没乡间，就可以推荐上去，帮人才谋个一官半职。

苏洵请他当这个推举的人，张方平却给他们另荐了一个推荐人：欧阳修。张方平说：“吾何足以为重，其欧阳永叔（欧阳修，字永叔）乎？”

——欧阳修是当时的文坛盟主，舍他其谁？

北宋初年，杨亿、刘筠、钱惟演在皇帝藏书的秘阁编纂《历代君臣事迹》，诏题《册府元龟》。编书之余，这些文人就开始互相作诗，酬唱相和，然后结集为《西昆酬唱集》。

诗集出了后，影响特别大，文人学子纷纷效法，把这种诗文风格称为“西昆体”，风靡了好几十年。

这些作家大多有地位，生活条件优越，所以他们的诗里反映现实内容的地方不多，而且风格上也特别精巧华丽，就像一个大宫殿里铺陈着明丽的软缎，至于宫殿外的农夫下田劳作，甚至农田受灾，百姓流离，在诗里是看不见的。

他们特别推崇李商隐的诗风里的雕彩巧丽和唐彦谦的韵律铿锵，内容特别空洞。说得俗点儿，就是把人身上的疮痂都能写得美丽动人。苏洵不能中举，跟他的文风和流行诗风不对付也有关系。苏洵写的文章就是特别扎实，但是不华丽。

他不如他的儿子苏轼。苏轼是那种能风流倜傥，也能一本正经的人，所以写文章也好，写诗也好，能够要华丽就华丽，要朴实就朴实，多面手总是更有前途。

挑头剑指西昆体的，就是欧阳修。欧阳修带动一群人把西昆体的气势给压了下去，转而，他就把韩愈、柳宗元一类的特别平实简洁的文风给推了上去。

不过，欧阳修跟张方平互相不待见。没关系，张方平想，想着欧阳修一定也会像自己一样，为国惜才，为国取士，不会因为是我推荐过去的，他就给打入冷宫。

文人之间的关系很奇怪。有的文人生怕被人压下去，所以用尽全力打压别人；有的文人却胸怀宽阔，可扬鞭走马，宁可自退地步，放人出一头地。

幸而，张方平和欧阳修都是后者。

张方平是真的爱重苏家三父子，干脆又替他们出钱置办了行装，让他们带上自己写给欧阳修的推荐信，赴京赶考。

从此时起，苏轼跟他父辈的张方平结成忘年交。

程家人一剖两半，苏洵带着两个儿子，三个男子去奔前途，程夫人带着两个儿媳在老家过活。

虽然说蜀道之难，难于上青天，但是苏家父子不避艰险，陆路出川，历时两月，于仁宗嘉祐元年（公元1056年）五月抵达开封。

这里真是好地方。

行人摩肩接踵，小贩争相揽客，街上马多，车多；人烟稠密处，有做生意的行商坐贾，有看街景的士子乡绅，有骑马的官吏，仪仗开道，威风凛凛。有叫卖的小贩，有坐轿子的眷属，有背背篓的行脚僧，有问路的外乡游客，有听说书的街巷小儿，有酒楼中狂饮的豪门子弟，有城边行乞的残疾老丐。世界大都，万民来朝，几乘骆驼驮着西域商人的货品也来凑热闹。

商家铺户遍地开花。肉铺多，饭铺也多。

杂技场里有熊翻跟斗，乌鸦下棋，蜡嘴鸟衔旗跳舞、拜跪起立。

父子三人在大都市的街道上边走边看两边的招幌广告。

花团锦簇，真是繁华。

辽国的国主耶律宗真病逝，大宋派遣使者去吊慰，辽国又派使者前来致谢，同时来取岁贡。

取了岁贡之后，使者又顺便求取了仁宗的画像带回去。辽道宗耶律洪基亲迎而拜，说："我若生中原，不过与之执鞭持盖一都虞侯耳！"

苏洵写的《六国论》，开头一句便是："六国破灭，非兵不利，战不善，弊在赂秦。赂秦而力亏，破灭之道也。"

大宋的武器不锋利吗？将领不会打仗吗？都不是，弊端在于拿钱换取和平而自己的钱并非源源不绝也。但不是所有的人都能意识到这个问题，许许多多的人，下至百姓，上至朝臣，沉溺在繁华的享受和被人吹捧的快乐里，看不见大宋的血肉被蚕食输出，如同割地赔款、赂秦求安的六国——而六国养肥了再被秦国吞并，这样的结局，既不为人所乐见，也不被人所接受。

这样平实、尖锐而有见地的文章难以被时人接受，写出这样的文章的苏洵，个性也犹如他的文章一样，平实而尖锐，难以被人接受。

嘉祐元年（公元 1056）八月，苏家兄弟参加了开封府在景德寺举行的乡试，因为是秋天举行，所以也叫秋闱。

哥俩轻轻松松都中举了，苏轼名列第二。

这才是考试的第一关。又称解试。

接下来，就要准备春闱，也就是礼部举行的考试，也称省试，后世称会试——考中的可以当进士。这是第二关，虽然不是最后一关，却是最难一关。

最后一关是殿试。

这么说吧：解试是初选，省试最关键，殿试走形式。

嘉祐二年（公元 1057 年），苏轼哥俩参加省试，也就是礼部试。

宋代科举最重进士科，考诗、赋、策、论，试题多出于经、史、子等典籍，要求举子既要能读，又要会写。应举的士子，“日夜孜孜，专以赋、诗、论、策为事”。

苏轼和苏辙从小学的也是这些。苏轼小时候，大概十来岁，就被父亲苏洵要求写《夏侯太初论》，十二岁左右又拟作过欧阳修的《谢对衣金带及马表》。

到他加冠之年，二十来岁的时候，已经学通经史，下笔千言了。就像他去世后，弟弟苏辙给他写的墓志铭上所描述的：“比冠，学通经史，属文日数千言。”

苏洵在给张方平写信推荐苏轼的时候，也以此作为卖点：“龆龀授经，不知他习”，“始学声律，既成，以为不足尽力于其间。读孟、韩文，一见以为可作。引笔书纸，日数千言。”

苏轼和苏辙小小年纪就准备应试，苏轼早年的文章就是应试的议论文，比如《儒者可与守成论》《物不可以苟合论》，都是国家科考的旧题，他拿来练笔摹拟。

之所以把省试称礼部试，是因为考试在京城举行，由尚书省的礼部主持。礼部试三年考一回，中间加塞考试的就叫“加恩科”。礼部试一般安排在春二三月进行，所以又称“春试”，也叫“春闱”。

省试和解试的时间、场次、内容是一样的，但是难度翻倍。省试合格，称贡士，第一名称“会元”。

元就是首的意思。秋闱也就是解试第一名称解元，会试第一名称会元，殿试第一名称状元。

这次省试的主考官是文坛领袖欧阳修，小试官是诗坛宿将梅尧臣。

欧阳修官运亨通，既是文学家，又是政治家，当过翰林学士、枢密副使、参知政事——就是副宰相。

他在文学史上的地位比在官场上的地位更高，和韩愈、柳宗元、苏轼、苏洵、苏辙、王安石、曾巩合称“唐宋八大家”，和韩愈、柳宗元、苏轼合称“千古文章四大家”。

苏轼这时候还是个后生小子，人还没走到欧阳修跟前，推荐他的信已经到了欧阳修跟前。

苏家父子三人租住在大相国寺。

大相国寺十分繁荣，有着庞大的寺产，有六十四院，还在寺庙周边和京城内外开旅店、商铺、当铺、庄园，“每一交易，动即千万”。收的租金官府和寺里瓜分。

如今全国举子云集于此，各操方言，称兄道弟，举行各种文会。

四十多岁的苏洵现在已经无意科举，所以走的是干谒的路子。他揣着张方平的信，带着自己的文章，去拜见欧阳修。

欧阳修正被“西昆体”弄得头痛，看见苏洵的文章，觉得明白爽利，又有气势，很对脾胃，所以又把苏洵介绍给别人。

问题是苏洵脾性耿介，说话直来直去，真不讨喜，所以大家也不是很喜欢他。可怜他还得在凳子上坐得笔直，听人家高谈阔论，对他视若无睹。

这些人于后世都被雨打风吹去，只有这个坐冷板凳的苏洵成了“唐宋八大家”之一。

其实，苏洵在老家还有 100 亩稻田和 5 亩菜地，他就是在家务农，吃饱肚子也没问题，但是他就想做官。

只是他考来考去总也考不上，没办法，才走的这条干谒的路子，给所有能拉上关系的官员献诗，猛拍欧阳修、王拱辰、张方平、文彦博等等朝中大佬的马屁，甚至不惜结交一些声名狼藉的贪官，比如雷简夫，只想让人家给他一个幕僚的职位。

这就是他凄凄惨惨戚戚地坐冷板凳的由来。就在他到处钻破头的时候，苏轼和苏辙准备参加春闱了。

春闱十分隆重。天下举人皆到京城应试，一起受皇上接见，总数不下三千人，被称为“群见”。

边远地区的士人都不懂朝廷的礼仪规范，列班排队纷然杂乱，偏偏有关部门还不能管得太严，里面说不定就有将来的国之重臣，所以只能拦着绳子，一边高叫“排队，排队”。

但是三千人嗡嗡嗡，有的认老乡，有的攀交情，就算不敢大声，几千只蚊子也能够聚蚊成雷。

搞到最后，不像是皇帝接见举子，倒像是举子们参观皇帝，一个劲儿地往前挤，要不就踮起脚，甚至是你先抱起我来看一看，我再抱起你来看一看，就差把皇帝当猴子，喂香蕉了。

皇帝每回春闱都会被举子们围观一回，皇帝勉励几句天下举子，祝愿他们能够旗开得胜，金榜题名。

嘉祐二年（公元 1057 年）正月初六，苏轼和苏辙进场。

除了他们，还有章惇、章衡、张载、程颐、曾巩、曾布、吕惠卿、王韶……

都于后世有名。

这些人随便拎出来一个，都能和你从诗词歌赋聊到人生哲学，就问你怕不怕。

其中，曾巩和曾布是兄弟，章衡和章惇是叔侄——章衡是叔叔，可是论年龄又比章惇小。

这样的大考，录取的进士和同进士能有三百多人。另外，还有明经科、明法科、恩科，加起来录取的公务员能超过一千人。

宋朝的一大弊端就是冗官，这样大规模录取也是造成冗官的一大原因。一万多个考生里面录取一千多人，十个里面取一个，录取率相当高。

说起这些科考名目，明经科是专门研究经典的，明法科是专门研究法学的。恩科是格外开恩录取的。比如说，你屡考不中，但是不中屡考，考上十几次，考得胡子一大把，儿孙满堂了还在考，为了奖励你的苦读不辍，算了，把你录取了吧。这就是格外开恩的意思，所以叫“恩科”。

此外还有一个“制科”，就是已经做官的也可以考，普通举子也可以考——只要是重臣举荐过来的，都可以参加考试，主考官是皇帝。哪怕你已经中过进士了，也可以参加制科的考试。这是不定期举行的，皇帝下诏就行。

苏轼哥俩这次考中进士后，过了三四年，又都参加过制科考试。

这次的省试需要考生写一首诗、一篇赋、一篇论、五道策，默写《论语》十条，给《春秋》或者《礼记》做经义——差不多算是名词解释吧，也是十条。

另外，还有时事政治题三道。

一共需要考三四天，吃睡都在考场。考罢出场，考生的卷子都把名字糊起来，还要有人专门把考生的卷子誊一遍，誊完了才能交给主考官，主考官带一帮人阅卷。

宋朝的科举制度已经很成熟，考试程序相当严格。

这年的省试，气象与往年有所不同。

主考官欧阳修对于时下流行的诗文很不感冒，觉得光怪陆离，又少筋骨硬气，所以他想要打压这种言之无物又华丽空洞的文风，扶持起言之有物、简明畅达的文风。

结果，这就给他自己设了障碍。

他有一个学生叫曾巩，特别擅长写古文策论，对于时下流行的浮丽文章就不会写，所以屡试不第。欧阳修特意写了一篇

《送曾巩秀才序》，为他叫屈，又把他收到自己门下，悉心教导。

这次，曾巩也参加考试了。

欧阳修看了一份卷子，觉得不错，好像是学生曾巩所写，但他又犹豫：万一把这份考卷取了头名，发现真的是曾巩，被人说他徇私可还行？

这就是宋朝有“别头试”的原因。当官的有自家子弟参加考试，或者主考官的子弟、亲戚参加考试，那就得派别的考官监考，就是为了避嫌。

照理说阅卷不需要“别头阅”，因为都糊着名字，但是欧阳修依然担心。台谏太厉害，动辄逮住官员和皇帝的错处狂喷。

欧阳修犹豫再三，把这份试卷放到第二名。

结果，这份试卷不是曾巩的，是苏轼的。

就这样，苏轼和第一名失之交臂。

欧阳修找出苏轼的旧文章一读，惊叹不已：“读轼书，不觉汗出，快哉快哉，老夫当避路，放他出一头地也。”

读了苏轼的文章，他觉得自己这个文坛领袖该让让路了，让年轻人有个出人头地的机会。

省试结果出来了，用大红纸写好，墨汁还新鲜着，贴到外边。

外边早被举子、家仆和设了赌局的人们围了个水泄不通，三张红榜出来，人群一阵涌动——放榜了！

苏轼哥儿俩都高中了，姓名写在大红榜上，鲜亮，耀眼。

这次省试，苏轼还留下一个典故。

他在这次省试卷子上这样写道："当尧之时，皋陶为士，将杀人。皋陶曰杀之三。尧曰宥之三。"

梅圣俞判卷的时候，想不起来在哪儿见过这个典故，可是又不敢说它没有，犹豫再三，就放过了。后来，苏轼入朝做官了，梅圣俞问苏轼："你那个皋陶杀之三、尧宥之三的典故从哪里读来的？"

苏轼回答："在《三国志》《孔融传注》中。"

可是梅圣俞查来查去查不到，苏轼说："曹操灭袁绍，以绍子袁熙妻甄宓赐子曹丕。孔融云：'即周武王伐纣以妲己赐周公'。操惊，问出于何典，融答：'以今度之，想当然耳'。"

原来苏轼的这个典故，也是他自己想当然耳。

接下来，就要参加殿试了。

三月初五，崇政殿。考题为"民监赋""鸾刀诗""重申巽命论"。

皇帝亲自当主考官。

考生们全额入选，凡是参加殿试的，就都是天子门生——通过省试，已经选拔出天下最出色的人，天子掐尖，最好的学生当然都是他的。

考生们早早来到崇政殿外。朝会结束后，内侍官出来，引考生按照省试名次进殿。考场四周设好帷幔，帷幔外有内侍和负责殿试的官员站立。

殿试开始，下发考题。考生先把考题抄下来，再把皇上给出的题好好地收起来，千万不可弄脏，否则是大不敬。

殿试之后，又是十来天左右的阅卷时间。编排官整理好试卷，经殿试初考官、覆考官审评等。

自宋真宗大中祥符年间起，殿试文章可分为五等：学识优长、词理精绝才能定为第一等；其余的挑出的毛病少，等次就高；挑出的毛病多，等次就低。

初考、覆考之后由详定官核定好名次，送到皇帝那里。说是皇帝阅卷，其实还是大臣阅卷，到最后奏请皇帝过目。

殿试名次公布之日，考生们又一早来崇政殿等候，排好位次，等着唱名赐第。

然后举行传胪仪式，举办这个仪式的部门是鸿胪寺，鸿胪寺的官员要把殿试当中获得名次的学子一个个念出名来。

名字念完后，新科进士排班列队谢恩。皇帝再给新科进士赐绿色的官袍和朝笏。

至此，这次全国范围的大考算是落下了帷幕。

在这一次的科举考试中，苏轼和苏辙都中了进士。

曾巩和曾布也都中了。

章惇和章衡也中了，但是章惇一看小叔叔章衡考上了状元，自己屈居其下，气坏了，扔掉敕诰，回老家了。又过了两年，嘉祐四年（公元 1059 年），章惇再次参加科举考试，进士及第，名列第一甲第五名，开封府试第一名，才开始他的做官之旅。他先和苏轼当朋友，又和苏轼当仇人，好的时候难分难解，不好的时候也难解难分。

红榜一出，榜下捉婿的戏码就热热闹闹地开演了。苏轼和苏辙擦把冷汗：他们不用被人抢来抢去了，他们两个人的媳妇还在老家，跟着母亲，盼着他们父子仨。

不过，他们暂且回不去，哥儿俩还得参加琼林宴。

琼林苑是设在宋京汴京城西的皇家花园，大家在这里吃吃喝喝，互相攀谈结交。

唐宋八大家，这次上榜的就有三个：苏轼、苏辙、曾巩。别的新科进士，未来和苏轼产生联系的也不少。

苏洵又高兴又辛酸：

“莫道登科易，老夫如登天，莫道登科难，小儿如拾芥。”

第二章

初入仕途

人 间 有 味 是 清 欢

第一节 服丧，进京

皇榜得中，就要学着如何做官了。新科进士要学习朝廷律法，学习各种公文，而且还可以入崇文馆读书。

然后，开始授官。包括状元在内，都是从小官干起，没有一开始就飞黄腾达，当国之要员的。

只是苏轼哥儿俩没有等着授官，就启程返乡了。

他们的母亲程氏去世了。

他们回到家里，只见一片破败景象，有的房子倒了，篱笆墙也坏了。

程夫人的娘家是当地的名门望族，程夫人嫁给没有功名的苏洵。苏洵不是在赶考的路上，就是在考试失利后出游散心的路上，程夫人自己带着孩子们过日子。

如今两个儿子都中了榜，苏洵自己也跑出了一点门路，她却先走了。

程夫人被安葬在一个名叫“老翁泉”的地方，苏洵后来就自号“老泉”。《三字经》里写道：“苏老泉，二十七，始发愤，读书籍。”

名垂青史的苏洵背后，是他那默默无闻的妻子。

苏轼、苏辙开始乡居服丧。至于苏洵，他进京的时候去拜访欧阳修，欧阳修把他推荐给别的官员，说是许他做个小官。结果等来等去，等到的却是让他去京城参加考试的通知。

他想起自己这些年来的考试经历，实在是寒了心：半夜就得起来，带着饼，在东华门外等天明，然后排着队进去。把膝盖当凳子，跪着答题。怀抱满腔希望，得来半生失意……于是他上了一道辞谢的折子。

仁宗嘉祐四年（公元 1059 年）六月，皇帝又给他下了一道圣旨，还是让他去京城考试。苏洵没去。不过章惇去了，而且还考上了。

有人说苏洵牛气，其实宋朝的读书人都挺有骨气的。苏洵敢违令抗旨，章惇不是也敢？他考上了，都敢撕了录取通知书。

苏家兄弟为母服丧期满后，苏家这次全家拔营，都去京城。

这次走的是水路。

出蜀的水路太难走了，当时是鬼门关。

苏轼过鬼门关也高兴：

入峡

入峡初无路，连山忽似龛。萦纡收浩渺，蹙缩作渊潭。
风过如呼吸，云生似吐含。坠崖鸣窣窣，垂蔓绿毵毵。
冷翠多崖竹，孤生有石楠。飞泉飘乱雪，怪石走惊骖。

走过巫峡，过瞿塘峡，接着又过新滩：

缩颈夜眠如冻龟，雪来惟有客先知。江边晓起浩无际，树杪风多寒更吹。
青山有似少年子，一夕变尽沧浪髭。方知阳气在流水，沙上盈尺江无澌。
随风颠倒纷不择，下满坑谷高陵危。江空野阔落不见，入户但觉轻丝丝。
沾裳细看若刻镂，岂有一一天工为。霍然一挥遍九野，吁此权柄谁执持。

大冬天的，天上下着雪，风又大，他还有心情写雪，把雪托在手掌心，琢磨是谁有这么大本事，竟然把雪花做得这么好看。

“苏家在二月安抵京城。他们买了一栋房子，附有花园，约有半亩大，靠近仪秋门，远离开繁乱的街道。绕房有高大的老槐树和柳树，朴质无华的气氛，颇适于诗人雅士居住。”

这是林语堂先生在他的大作《苏东坡传》里的说法。

的确，他们这一大家子，买房确实合适。不过，开封房价那么贵，这房容易买吗？而且还是半亩大，环境挺好。

东京汴梁的房价一直很高，大中祥符年间，京师有一个叫崔白的恶霸，强买邻居梁文尉的住宅。梁文尉的遗孀叫价一百三十万钱（1300 贯钱），崔白只出了九十万钱（900 贯）。后来，张氏跑到开封府告状，崔白才“增钱三十万”。也就是说，京城一套差不多的宅院，至少也得要 1300 贯。

这是宋真宗一朝时的房价，随着通货膨胀，那么，到了仁宗这一朝，房价只会高，不会低。

宋太宗时，有位诗人叫王禹，他说：“重城之中，双阙之下，尺地寸土，与金同价。”寸土寸金，跟现在的一线城市的房价一样。

就算苏洵有些家底，那也是苏轼的爷爷给打下的江山，苏家也不是大富豪阔之家，想要一来就在开封买房，估计不大现实。

所以，也有人觉得他们应该是租房住的，租到了西郊。

在这个房子里，苏轼的长子苏迈降生。

不过，也有另一个说法：苏洵虽然没钱，但是，他二哥苏涣不是当官了吗？当时担任利州提刑，手里是有钱的。所以，他是跟二哥借的钱。这所房子标价是 8000 贯，这笔钱到苏洵死都没还清，还债的重任后来就落在了苏轼和苏辙哥儿俩身上。

既是生在凡间，就要遵循凡间法则，穿衣吃饭，置屋买田。

李开周先生写过一篇文章——《苏东坡买房》，是替苏东坡算经济账的，账目细致，有兴趣的朋友可以细读细阅：

“苏东坡正式迈上仕途——去陕西凤翔做签书判官，相当于现在的副市长。那时候，苏东坡才二十五岁。

二十五岁的苏东坡每月薪水 20 贯，是父亲的好几倍，此外还有 400 亩的职田。所谓职田，就是朝廷为了让地方官衣食无忧，专门划拨给他们的耕地。把 400 亩职田出租给佃户，每年收租在 800 贯左右。把薪水和职田加起来，苏东坡的年收入已经超过了 1000 贯，这个收入水平在北宋是很高的，意味着他存上 8 年积蓄，就能在京城买一所花园住宅。

但是苏东坡没有买房，他和他的妻子王弗、儿子苏迈借住在凤翔府学，直到三年以后调离凤翔。苏东坡为什么不买房？因为他把自己的收入都用来替父亲还债了。

宋仁宗熙宁四年，苏东坡被调到杭州任通判，月薪涨到了 30 贯，职田增加到 700 亩，年收入在 1800 贯左右，稍微攒上几年钱，买房是不成问题的。可是苏东坡仍然没有买房，不是不想买，是钱不够。年收入那么高，为什么钱不够？因为他的开销太大。他去杭州赴任的时候，跟着他一起去杭州的可不光是他的妻子和儿子，还有他小时候的奶妈任采莲，以及他的侄媳妇和两个侄孙。苏东坡是个很看重亲情的人，奶妈哺育过他，所以他要把奶妈带到任上去享福。侄媳妇和两个侄孙则是因为没有生活来源，族里没人管，苏东坡独力把他们养起来。事实上，苏东坡后来得知某个堂姐死了丈夫以后，还慨然承担了供养堂姐及其子女的重任，直到堂姐的女儿出嫁，都是他出钱置办嫁妆。

慷慨好施的苏东坡靠一人之力养活了一大群亲戚，同时还在继续归还父亲在世时欠下的债款，以至于他在杭州做了三年通判，离任时的积蓄只有几百贯钱。

再后来，苏东坡去密州做官，薪水又涨了一次，年收入已经超过了2000贯，还是没有买房。这时候他已经还清了父亲欠的债，积蓄也相当可观了，但他似乎对房子的兴趣不大，总是把钱花在他认为更需要的地方。比如说有一年密州闹瘟疫，穷苦百姓没钱买药，苏东坡捐出50两黄金，在密州城里建了好几所福利院，免费给百姓治病。

苏东坡后半生的仕途是很不顺利的，经常被贬官，被流放，薪水不断下滑，职田也被没收，就算他想买房，也已经买不起了。从他流传于世的诗文可以得知，老苏每次进京述职，都是借住朋友家的房子（苏洵在世时购买的那所住宅后来被卖掉了）。他跟驸马王诜交好，经常去王诜的府邸借宿。他还有个老乡叫范镇，是退休的京官，在开封南城买了一所房子，也是苏东坡经常借宿的好地方。后来苏东坡的儿子在开封结婚，老苏没能力给儿子买婚房，只好让他们小两口借住范镇的房子。

公元1084年，苏东坡将近五十岁的时候，为了让家人有个安身之所，终于在江苏宜兴买下第一所房子，也是最后一所房子。这回他跟他的父亲苏洵一样付不起房款，只好向身居高位的弟弟苏辙借了7000贯。

宋朝房价是很高的，一个平民百姓靠种地或者打工，拼命几百年也未必买得起一套像样的房子，可是对宋朝官员尤其是高级官员来讲，高房价并不是问题，因为他们的收入也非常高。苏东坡也是高收入群体，但他买房很晚，因为他把钱都花给了亲人和穷人。他是先人后己的绅士，是伟大人格的典范。"

这样的推测既有事实依据，又有道理可依。无论是租房还是买房，反正苏家人就在京城住下了。

苏轼和苏辙的官位也分派下来：苏轼做福昌县主簿，苏辙做渑池县主簿。

主簿主管文书工作，就是给知县当秘书。

知县需要一文一武两个助手：文助是主簿；武助是县尉，管治安。

两兄弟都没去，等着参加制科考试。

第二节　制科考试

制科，又称制举，还有一个名字叫大科。

所谓“制”，“天子之命为制”，也就是说，此次考试由皇上出题，亲自面试。

几年一制没有硬性规定，视具体情况而定，所谓“制举无常科”。

宋朝气数绵延几百年，制科就考过二十二次。北宋和南宋的进士总数近四万之多，够资格参加制科考试的只有 41 个。能参加就已经是人中龙凤了！而制科入三等者仅有四人：吴育、苏轼、范百禄和孔文仲。几百年里只出了这么四个——而且苏轼是一个人占了两个名额。他一共参加过两次制科，一次是仁宗时代，一次是英宗时代，两次都入了三等。

苏轼第一次参加制科考试，是在仁宗嘉祐六年（公元 1061 年）。

仁宗一朝，参加制科者，要有二位大臣举荐。

推荐人很不好找。朝中大员或者大学者怎么会随便给人当推荐人呢？万一看走了眼，推荐上去的人祸国殃民、作奸犯科，推荐人是要被连坐的！

苏轼的推荐人就牛了，既是朝堂大佬，又是文人之首——欧阳修。欧阳修在《举苏轼应制科状》中大包大揽：“……臣今保举，堪应材识兼茂明于体用科。欲望圣慈召付有司，试其所对。如有缪举，臣甘伏朝典。”就是说，我今天保举的这个人，绝对够资格参加制科考试，希望皇帝能够垂爱，试试他的本事。如果我保举错了，想怎么罚我，就怎么罚我。

苏辙受了官员推举和保荐，结果出状况了，他生病了，不能参加制科考试了。

结果，制科考试的时钟居然停摆了。宰相韩琦跟皇帝说：“今年应召制科的士子里面，只有苏轼、苏辙最有声望。现在苏辙却病了，这么一来，只有一个能参加考试，另一个参加不了，太让众人失望了。”

于是，这个如此庄严的考试，就因为苏辙生病而延期。

韩琦做过王安石的上司，王安石在日记里这样评价他：“琦别无长处，惟面目姣好耳。”

仁宗也许是想：好吧，你长得这么好看，说什么都对。

这下，苏轼哥儿俩的面子就大了。

在被人推举后，参考制科的人还要经历三个规定的程序：

第一步：向两制（即掌内制、外制的翰林学士，知制诰，中书舍人）呈送平时所作策、论五十首，两制选取词理俱优者参加阁试；

第二步：秘阁试六论；

第三步：参加皇帝的御试。

苏轼哥儿俩闭门苦读半年多，后来制科考过了，当上官后日子好过了，苏轼跟人说，他在乡间的时候，饭桌上只有米饭、萝卜和清汤，号称“三白饭”，他却特别满足。

于是人家就给他送请帖，说请他吃“皛（jiǎo）饭”。他很好奇，一早就到了，结果只有一碗白饭、一盘白萝卜、一碗白水，原来这就是“皛饭”。

他是吃了亏不还回去的性子吗？过了一阵子，他给这人送请帖，请人吃“毳（cuì）饭”。结果，人家去了，等半天，什么都没有。客人饿惨了，问他饭在哪里，他说：“已经上来了啊，毛米饭、毛萝卜、毛菜汤（没米饭、没萝卜、没菜汤）。”二人哈哈大笑。

参加制科前，考生先要写五十篇策论出来。苏轼给宰执班子杨畋、富弼等人二十五篇《进策》、二十五篇《进论》。

因为他的策、论词理俱佳，所以杨畋也推荐他参加秘阁考试。真正的考验来了。

嘉祐六年（公元1061年）八月十七日，翰林学士吴奎、龙图阁直学士杨畋、权御史中丞王畴、知制诰王安石为秘阁考官。苏轼赴秘阁试六论。

这是王安石和苏轼的第一次见面。

王安石比苏轼资格老多了，他差不多算是苏轼父辈的人。

王安石出生于宋真宗天禧五年（公元 1021 年），比苏轼大十六岁。王安石是一个读书种子，既酷爱读书，又过目不忘。他跟曾巩交情不错，曾巩就把他推荐给了欧阳修，欧阳修也特别欣赏他。

庆历二年（公元 1042 年），王安石考中进士，授淮南节度判官。任满后，王安石放弃了京试入馆阁的机会，调为鄞县知县，一干就是四年，兴修水利、扩办学校，干得热火朝天。

皇祐三年（公元 1051 年），他又任舒州通判，也是政绩很好，很受宰相文彦博的赏识。文相向仁宗举荐，请朝廷褒奖他，好拿他当榜样，激励这种正能量。结果王安石拒绝了，理由是不想因为自己被越级提拔，造成坏风气。

欧阳修一看这人刚直，就举荐他为谏官。可是王安石不肯干，理由是需要照顾年迈的祖母。欧阳修又以王安石要俸禄养家为由，任命他为群牧判官。

不久，王安石出任常州知州，和写《爱莲说》的周敦颐相识相知。因为有周敦颐这个名人、大哲学家背书，王安石的名声更大。

王安石在地方官任上主张“发富民之藏”以救“贫民”。嘉祐三年（公元 1058 年），王安石调为度支判官，进京述职，作长达万言的《上仁宗皇帝言事书》，系统地提出他的变法主张。

他想要推行富国强兵的政策，抑制官僚地主的兼并，但是未被采纳。

此时，苏轼正在家乡为母服丧。

其实，在王安石写万言书要求变法之前，庆历三年（公元1043年），范仲淹就已经推行过庆历新政，只是没有坚持下去。

说起来，未能革除大宋积弊，也是一大遗憾。

庆历三年，范仲淹、富弼、韩琦、杜衍同时执政，欧阳修、蔡襄、王素、余靖同为谏官。范仲淹向仁宗上《答手诏条陈十事疏》，提出“明黜陟、抑侥幸、精贡举、择官长、均公田、厚农桑、修武备、减徭役、推恩信、重命令”10项以整顿吏治为中心的改革主张。

为什么整治吏治？冗官实在是太多了。

科举的录取率这么高，谁考上了都要给个官做。没有官位，那就设官位，结果就是官位的职位重叠，互相推诿，活干不好，钱还不少拿。

不光是冗官太多，冗兵也多，冗僧也多。

为什么说冗兵呢？

厢兵是宋代承担各种杂役的军队。北宋初年，全国各地藩镇的精兵都抽调到中央，剩下的老弱残兵留在本地，另加新设供劳役的军队，组成厢兵。

一方面厢兵不讲体质，另一方面厢兵不讲来源，甚至有一部分是流放的罪犯。有禁兵武技不合格或者犯了法，也就可能降格充入厢兵。厢兵其实就是做苦工的，干活、跑腿、送信，吃得又差，累得半死，挣不了几个钱。

这样的兵，怎么指望他们打仗？

养这么一大批厢兵，而且有越来越多的趋势，这些虚耗国家钱粮的冗兵对于财政而言也是一个沉重的负担。

所谓的冗僧，是有不少人出于种种原因，或者违法犯罪，为逃避制裁，于是找个寺院挂名出家；有的是天灾人祸，活不下去，或者生性懒惰，不事生产，于是也找个寺院挂名出家。一人出家，寺院立刻可以分到一份僧田。于是这些僧人不种不收，天天念念佛就有饭吃有衣穿。国家白养这么一大群僧人。

针对时弊，范仲淹等人提出施行新政：裁官、裁兵、裁僧。

但是，谁愿意官位被裁？谁愿意自己领的军饷被扣？让僧人还俗，哪个僧人愿意？

当官的、当兵的、做和尚的，背后都是有关系网的。牵一发而动全身，裁一个而得罪一大片。

在这种情况下，范仲淹顶着压力让冗余的公务员大规模下岗，一下子惹了众怒，次年（公元 1045 年）初，范仲淹、韩琦、富弼、欧阳修等支持和推行新政的人相继被排斥出朝廷，各项改革也被废止。范仲淹被撤了副相的官位，外放出京。

如今，王安石又旧事重提，朝廷没理。不是不理，而是一棵大树长歪了，想要把它给拗正，真不是件容易的事，说不定会搞成大地震。

王安石大约是在地方上干的时间长了，工作起来更得心应手，所以朝廷此后多次让他回中央，甚至让他就任馆阁之职，他都不肯。越是这样，士大夫们越觉得他清高，越以他为榜样，越想结识他。

王安石也确实稳得很，朝廷任命他与人同修《起居注》，他辞谢多次才接受。

不久，他就任知制诰，朝中士大夫奔走相告，人人以为盛事。

知制诰的字面意思是按照宰执和皇帝的意思起草诏书。这个位置怎么说呢，对于要求政治进步的人来说，太好了，近水楼台，天天跟着皇帝呢。

如果有人升任五品以上的官职，就得由这个秘书班子起草诏书。要领旨当官，就得先给写诏书的人一笔润笔费。如果是给官位高的人写升职诏书，润笔费就会更多。开封房价很贵，曾经有人因为诏书写得特别好，一年下来，光得的润笔银子就够在开封买房。

不过王安石不爱钱，他有雄心和志向，想着要大干一场，但是皇帝偏又不同意让他放手来干，只让他当这种表面上光鲜、锦上添花的官，他只能捏着鼻子干。

秘阁试六论是制科考试中最关键的环节，能不能参加最后的御试，看此一举。

首先，秘阁试六论的出题范围极其广泛，天上一脚，地下一脚，羚羊挂角，无迹可寻。

就苏轼参加的这次秘阁试六论而言，一为《王者不治夷狄》，出自《春秋·公羊传》何休注；二为《刘恺丁鸿孰贤》，出自《后汉书·丁鸿传》及《后汉书·刘恺传》；三为《礼义信足以成德》，出自《论语·子路篇》包咸注；四为《形势不如德》，出自《史记·吴起列传》；五为《礼以养人为本》，出自《汉书·礼乐志》；六为《既醉备万福》（有些资料上为《既醉备五福》），出自《诗经·大雅·生民》郑玄笺。

秘阁试六论还分明数、暗数。所谓明数，就是直接引用书里面的一两句话，或者稍稍变换句子里的一两个字，以此做题目；暗数就很难了，就是把书中的句子掐头去尾，甚至句读颠倒，来让考生说出论题出自何处，还要全部引用论题的上下文，这样才能称“通”。说不出论题出处，就是“不通”；虽然知道出处，但是引不全上下文，也不能叫“通”，只能称“粗”。

光这题目，就需要考生把所有的考试范围都背到滚瓜烂熟。

如果说这样是考验考生死记硬背的功夫，那要应试的人作六论，就是考验考生的写作功夫。一共六论，每一论都要三千字以上，要求一天一夜内完成。

那么，参加阁试的人，怎样才算是通过考试，能够参加御试了呢？

按一般规定，六论中，你要达到四“通”，这样才算合格。

阁试成绩分为五等，一二等是空的，只是名义上的，只从第三等开始排名次。也就是说，第三等就是最优等了。

这一点和御试制科相同，所以苏轼的两次制科成绩都是第三等，其实都是最优等。

第三等和第四等都有资格参加御试，第五等就不行了，属于陪跑的。

考阁试就已经比考进士难太多了，脑子里要记很多本书，每本书的每一个字都不能记错，否则就可能“不通”。手底下还要写得出好文章，要文采有文采，要道理有道理，这样才能入第四等以上，才有资格到御前。

这跟鱼跃龙门差不多，所以当时的人称阁试为“过阁”，过了阁，御试就好办了。

如果不是因为阁试之难，也不至于两宋国运三百多年，举行了二十二次御试，可只有四十多人入等。

苏轼过了。

苏辙也过了。

都可以参加御试了。

这次的御试，光策题就有五百多字。

御试规定每篇字数在三千字以上，必须要当天完成，才有资格入等。这对于苏轼来说很容易，他首先写了《中庸论》《秦始皇帝论》《汉高帝论》等二十五篇文章，接着答《策问》，即

《御试制科策一道》，举条而对，洋洋洒洒五千多字。

而且和礼部的考试一样，也要封卷，把姓名糊起来，只给每个人起一个代号。苏轼的代号是“臣”字，苏辙的代号是“毡”字。司马光这次是御试覆考官，就是判卷老师，他在《论制科等第状》中讲：

“内‘臣’‘毡’两号所对策，辞理俱高，绝出伦辈……以‘臣’为第三等，‘毡’为第四等”。

哥儿俩都入了等，苏轼是最优等。

苏辙是第四等，是在危险线上跳跃的第四等。

当时仁宗已五十二岁，苏辙想着，皇帝老了，说不定已经对政事疲沓了，所以必须要说得严重些、尖刻些，不然他警醒不了，所以他对于朝堂、朝臣、朝政、天子，都是不假辞色，直接批评。

苏辙的策论很长，指责宋仁宗沉湎声色、滥用民财、赋敛繁重、所用非人。话里话外，讲的都是仁宗皇帝和古代的圣人不是一类人。古代的圣人，无事时深忧远虑，临事则不惊不惧；陛下呢，没事的时候吃吃喝喝，玩玩乐乐，有事了做不到泰山崩于前而色不变，而且后宫人数也太多了些，酒色也太过了些，政事也太疏懒了些。大臣的忠言强谏您又不听，百姓的民情您又不愿问，长此以往，国将何国？

覆考官司马光是欣赏他的，把他置于第三等，结果初考官胡宿不同意。司马光与范镇商量了一番，为安抚胡宿，把苏辙放在第四等。胡宿还是觉得不行，苏辙不当入等。三司使蔡襄也力保苏辙，胡宿还是一定要把他压下去。

这时候，仁宗说话了：“以直言来的人，而因直言抛弃他，天下人会怎么说我呢?”

胡宿只得妥协，于是苏辙才入了等。

兄弟两个都如此才华横溢，欧阳修不胜欣喜，在《与焦殿丞千之》中连连称赞：“苏氏昆仲，连名并中，自前未有，盛事！盛事!”

宋仁宗更是高兴，回了后宫，美滋滋地说：“我今天可给子孙们觅得了两个宰相。”

第三节　凤翔赴任

宋仁宗一朝规定：“自今制科入第三等，与进士第一，除大理评事、签书两使幕职官。”苏轼于是就按进士第一的级别授了官，被任命为大理评事签书凤翔府判官。

大理评事是掌管刑狱的京官，属正八品；签书判官是州府幕职，掌管文书，佐助州官。就是说，他本来当的是京官，不过要下基层锻炼。

苏轼对前程特别有信心，他在《谢制科启》中写道：“敢以微躯，自今为许国之始。”以区区一身，许报国家，从此而始。

苏辙被任命做了商州推官，比判官职位低，管的是刑事犯罪这一块。大约是朝廷觉得苏辙锋芒毕露，适合干这个。

苏洵的工作也找到了。

此时的宰相是韩琦和富弼。二人都不特别看好他，觉得他岁数已经不小，仍旧耿介孤直。不过，他能教出这两个儿子，已经是大本事，所以照顾他，让他做了秘书省校书郎。

秘书省是专门管理国家藏书的机构，校书郎干的是校对的工作，从八品，而且还是试用，试用合格才能转正。

苏洵犹豫了几天，还是推辞了，因为官小、工资低，“实以家贫无资，得六七千钱，诚不足以赡养”。

但是他不死心，又给韩琦写信：“相公若别除一官，而幸与之，愿得尽力。”写着写着，开始叹息起来：“……嗟夫！岂天下之官以洵故冗邪！”唉！难道说天底下这么多的官，都是因为我苏洵一人而烦冗多余吗？

于是韩琦又替他想办法谋了霸州文安县主簿一职，不过不需要他离京上任，就让他直接留在京城编礼书。好吧，这算入了国家公务员的序列了，老苏所愿已足，开始安心编《太常因革礼》。

既然他在京工作，苏辙就没赴任，朝廷允许他留在京城奉养父亲。

宋仁宗嘉祐六年（公元 1061 年）岁末，24 岁的苏轼到凤翔赴任。苏辙把哥嫂送到郑州，兄弟分别。

苏轼和弟弟一直没有分开过。他们小时候，父亲常年在外，他带着弟弟一起玩耍；长大后，一起读书，同一年娶妻，一起参加考试，一起得中；一起回家奔母丧，再一起参加考试，再一起高中。

他们不独为兄弟，更为知己。后来，苏轼给弟弟寄了一首诗：

辛丑十一月十九日既与子由别于
郑州西门之外马上赋诗一篇寄之

不饮胡为醉兀兀，此心已逐归鞍发。归人犹自念庭闱，今我何以慰寂寞。

登高回首坡垅隔，惟见乌帽出复没。苦寒念尔衣裳薄，独骑瘦马踏残月。

路人行歌居人乐，僮仆怪我苦凄恻。亦知人生要有别，但恐岁月去飘忽。

寒灯相对记畴昔，夜雨何时听萧瑟。君知此意不可忘，慎勿苦爱高官职。

我啊，还没喝酒哩，怎么就觉得已醉？主要是我的心，已经跟着你回程的马一起返回。就算你归途寂寞，你心里还能想着家中老父和妻子，到家就能看见他们。我呢？又拿什么来慰藉我的寂寥？

我奔到高处，回头想看看你啊，结果坡太高了，只能看见你戴的乌帽一会儿看得见，一会儿看不见。天这么冷，你穿的衣裳又少，独自骑匹瘦马，踏着残月而行，真是可怜了我的弟弟。

路上有的人一边走一边唱，不用赶路的人在家里安宁欢乐，跟着我的仆人却纳闷为什么只有我这么凄凉苦恻。我也不是不知道人生终须别，就是怕岁月走得太快，咱们兄弟以后会把分别当成人生的常态。

今夜孤寒中一灯如豆，我瞅着这盏寒灯，想着咱们过去并头读书或者畅谈吟诗的画面。什么时候夜雨萧萧时，你我再共听雨声？兄弟啊，你不要忘了我这番心意，别光顾着贪恋官场，忘了我二人兄弟情长。

结果，让苏轼说着了，从此以后，宦海漂泊，兄弟二人长久分离。

凤翔太守宋选和苏家有旧交，所以苏轼到任后，宋选待他很好。

事实上，宋太守应当叫宋知州。宋代已经废除郡制，有州无郡，按理说是没有“太守”这个官称的，“太守”是复古怀旧的称谓。

唐代中后期，藩镇割据，为祸不浅，所以宋代立国后，就对各地的长官考核相当严格，任期三年，然后轮调他处，不给地方官在一个地方扎根长叶、赖着不走的机会。不用说太守是中央直接任命，就连副职通判也是中央直接任命的。通判不光要辅助一把手干好工作，还负有监察本地官员的责任，就是当地官府出公文、奏议，也必须要判官连署才能生效。所以，通判算得上是特别有实权的二把手。

凤翔位于陕西西部，紧挨着强邻西夏。陕西省担当着卫戍边境的重任，举全省人力财力物力以防边患，消耗甚巨，百姓生活困苦。不过这里地广人稀，地皮不值钱，所以苏轼在凤翔任上给自己盖了一座房子，宅院前有水池，后有庭园，杂植花树，又有流水绕屋。

苏轼于公元 1061 年腊月抵达凤翔，他先将凤翔的名胜古迹逛了个遍。他喜欢游玩，喜欢山水。太白山、黑水谷、西安附近的终南山，他都去过。对他来说，翻阅堆积的案卷不如翻山越岭去看一份珍奇的手稿，或是观览一个朋友珍藏的吴道子画像。但是，他并不渎职，工作一直很努力。新春刚过，宋仁宗就颁下善政：各地州郡的官吏分往属县减决囚犯。苏轼被下派到宝鸡、虢、郿、盩厔四个县，他用四天时间全部跑完，非常辛苦。

苏轼爱交朋友，没那么多心眼。他招待客人的时候，妻子王弗就在屏风后面悄悄听，听完了跟苏轼说，这个人跟墙头草似的，不管你说什么，他都说是是是、对对对，这人靠不住。

林语堂先生在《苏东坡传》里就此评价说："才华过人的诗人和一个平实精明的女人一起生活之时，往往显得富有智慧的不是那个诗人丈夫，而是那个平实精明的妻子。"

这话极对。

凤翔正闹旱灾，庄稼枯死，百姓无粮。生下的幼儿养不活，狠狠心就丢弃了。越穷的地方，被扔掉的孩子越多，还有被大人活活溺死的。

太守就带着苏轼等一干属员跑到秦岭的最高峰太白峰，那里有一个道观，观前有一个鱼塘。据说龙王变成鱼，把这儿当成了洞府。他们是来向龙王求雨的。

百姓们听说太守祈雨，你约着我，我叫着你，都来了，一个个眼里闪着渴求的光芒，希望龙王老爷大发慈悲，救救我们吧！

苏轼也特别虔诚，抬头看着天空。

真奇怪！一向万里无云的天空此时竟然开始变得昏黑，凉风也一丝一丝地吹了过来。苏轼看看自己的衣带，似乎不是错觉，闷热的空气好像被撕开了一个小小的口子，皮肤感觉到一丝凉意。

苏轼兴奋极了，说，走走走，太守大人，咱们打铁趁热，现在进城去真兴寺祷告吧！越祷告，龙王越知道咱们心诚，他就会给咱们下大雨的。

宋太守闻言起驾，百姓们一同动身，几千个人跟在宋太守和苏通判的身后，急匆匆地向城里赶去。

进了城，宋太守领头，苏轼跟着，后边黑压压跪着一大片人，嗡嗡的祈祷声响了起来，连绵不绝。

祈祷完毕，大家出城，这个时候，冷风真的刮了起来，乌云也黑沉沉地压了下来。“龙水”已经被特地派去的吏员从庙前池塘里毕恭毕敬地求了回来，放上祭台，苏轼开始念他的祈雨文了：

“维西方挺特英伟之气，结而为此山。惟山之阴威润泽之气，又聚而为湫潭。瓶罂罐勺，可以雨天下，而况于一方乎？乃者自冬徂春，雨雪不至，西民之所恃以为生者，麦禾而已。今旬不雨，即为凶岁，民食不继，盗贼且起。岂惟守土之臣所任以为忧，亦非神之所当安坐而熟视也。圣天子在上，凡所以怀柔之礼，莫不备至。下至于愚夫小民，奔走畏事者，亦岂有他哉！凡皆以为今日也。神其盍亦鉴之。上以无负圣天子之意，下以无失愚夫小民之望。尚飨。”

大意是：你太白山作为一方的守护神，职责就在于滋润天下。而现在呢？自从去年冬天到今年春天，没有降下一滴水，这让百姓怎么活？实话告诉我，你是不是失职？

质问之后，再讲道理：圣明的天子在上，凡是敬天礼神的举措，一样不缺。愚昧的小民更没有别的祈求，只不过是盼望着一场雨。作为一方的神灵，你为何不看一看呢？

苏轼威胁完了人家，如今秉着打一棒子给一个甜枣的原则，开始替老百姓求情。

最后，是苏轼对山神的期待，或者说是下通牒。希望山神早日履行自己的职责，对上不辜负圣明天子的仁慈之心，对下不辜负愚昧小民的热切盼望。

——如果你失职了，那老天爷怎么样咱不知道，但是，当朝圣上可就不待见你了，老百姓也不待见你了。你没了香火，看你怎么办。

到底是年轻人，明明是祈雨文，简直写成霸气的檄文。

大费周章的祈雨仪式，换来的只是一场雨过地皮干的小雨。

宋太守说苏轼：你这个年轻人说话冒冒失失的，看，把山神得罪了吧！

苏轼也不高兴，觉得龙王敷衍自己。他翻唐书，发现龙王在唐朝是被封为公爵的，到了宋朝却被封为侯爵，大约是他不高兴了。于是苏轼向皇上草拟奏本，请求照唐时的旧例，还把龙王封为公爵。

还真灵验，三天后，一场大雨哗哗地下来了。

苏轼太高兴了，笔走龙蛇，《喜雨亭记》成篇：

喜雨亭记

亭以雨名，志喜也。古者有喜，则以名物，示不忘也。周公得禾，以名其书；汉武得鼎，以名其年；叔孙胜敌，以名其子。其喜之大小不齐，其示不忘一也。

予至扶风之明年，始治官舍，为亭于堂之北，而凿池其南，引流种木，以为休息之所。是岁之春，雨麦于岐山之阳，其占为有年。既而弥月不雨，民方以为忧。越三月，乙卯乃雨，甲子又雨，民以为未足；丁卯大雨，三日乃止。官吏相与庆于庭，商贾相与歌于市，农夫相与忭于野，忧者以喜，病者以愈，而吾亭适成。

于是举酒于亭上，以属客而告之，曰："五日不雨，可乎?"曰："五日不雨，则无麦。""十日不雨，可乎?"曰："十日不雨，则无禾。""无麦无禾，岁且荐饥，狱讼繁兴，而盗贼滋炽，则吾与二三子，虽欲优游以乐于此亭，其可得耶？今天不遗斯民，始旱而赐之以雨，使吾与二三子，得相与优游以乐于此亭者，皆雨之赐也。其又可忘耶?"

既以名亭，又从而歌之，曰："使天而雨珠，寒者不得以为襦；使天而雨玉，饥者不得以为粟。一雨三日，伊谁之力？民曰太守，太守不有；归之天子。天子曰不然；归之造物，造物不自以为功；归之太空，太空冥冥；不可得而名。吾以名吾亭。"

但是，这样的做法也只当年有用，第二年就不灵了。看天吃饭真的不好，后来苏轼所到之处均大张旗鼓搞建设，不知道是不是因为在第一个为官任上摸透了老天爷的脾气，觉得靠天靠地不如靠自己。

苏轼敢在祈雨文里威胁龙王，说是他年轻气盛也不太对，毕竟他一直都气盛。

他对人未必气盛，但是对鬼神一向气盛。

这天，他带着人从凤翔回京都，正在山路上行走，经过白华山时，一个侍从突然开始脱衣裳，眼看要把自己脱光光。大家一看此人的诡异举动，觉得这是山神发了怒，建议赶紧拜拜。

拜拜？苏轼一头火地进了山神庙：

“我苏轼，过去走的时候没有向你拜拜，现在回去的时候也没有向你拜拜。如今我要借你的道走人，不敢不拜拜。

“我随行的一个兵卒突然发了病，本地人告诉我说是你发了怒气，我也不知道是不是这回事。就这么一个小小的人物，就像蚂蚁、虱子，怎么会劳烦你的大驾，在他身上显示你的能耐，就算这个人有些不为人知的恶事，这也保不齐，不过想起来也不过就是他懈怠失礼或者是偷你的酒喝等小毛病，这又值得什么惩罚的？抬抬手放他过去就是。你这么大一个神，怎么计较起他来。

“我一向想着，那些大权在握的人、手握重兵的人、管辖之地宽广的人、既有强权又有富贵的人，他们要是作恶的话，那恶可就作得大了。你一个当神的，不敢惩罚他们，竟然要来惩罚这么一个无名小卒，这不是欺软怕硬？他病了，他的事儿就没人干，我看你还是宽恕他得了。不是我说傻话，我觉得神也该听听我说的。”

这话说得也太硬了。苏轼刚离开山神庙，就一阵罡风扑脸，转眼间飞沙走石。苏轼一看，哟，山神更生气了啊？他无所畏惧，继续向前走，风刮得大家都走不成了，侍从说算了，还是回去跟山神求饶吧，看您把他老人家气得不行。

苏轼说，我不怕他。我的命是老天爷给的，他愿意发脾气就发吧，我就往前走，看他怎么办。山神好像也不能怎么办，出了山神的势力范围，风力渐渐小了下来。

公元 1062 年秋天，宋太守让苏轼兼任府学教授。

这样一来，他不光审案，还得当老师。当老师挺枯燥的，而且还需要值班。

这天，凤翔迎来了今年的第一场雪，薄薄一层。大约就是在值班的时候，他看着外面的微雪，想着京城中的爹爹和兄弟，也不知道他们怎么样了：

九月二十日微雪，怀子由弟二首·其一

岐阳九月天微雪，已作萧条岁暮心。短日送寒砧杵急，冷官无事屋庐深。

愁肠别后能消酒，白发秋来已上簪。近买貂裘堪出塞，忽思乘传问西琛。

这边啊，虽然才九月，就已经下雪了。光景看着都萧条起来了，也到了年末岁尾了（实际上还没到，但是一下雪，就觉得离年近了）。天越来越短了，也越来越冷了，捶洗寒衣的棒槌声听起来都是急匆匆的。我也没啥事，就这么干坐着，屋子也显得又空又深的。

想起来你们，我想喝点小酒，可是越喝越愁，愁得我头发都白了，今天梳头上簪的时候发现的。如今我买了一件貂皮大衣，可暖和了，穿上它都能出塞去，于是忽然想乘着驿马去西边看看，能不能淘到什么宝贝（当然，要是弟弟你也来，咱兄弟俩一起出塞就好了）。

这么点岁数，居然就说有白头发了。在弟弟面前，他是有点婆婆妈妈的，买了件貂皮大衣也要跟弟弟念叨念叨。

而且，他来此一年就造屋，时间不久就换貂裘，看来宋朝公务员的工资待遇还是挺丰厚的。“书中自有黄金屋”，这是从宋真宗口里说出来的。宋真宗赵恒是个文学青年，“书中自有黄金屋，书中自有颜如玉”出自他的《励学篇》。怪不得宋朝以文立国，连皇帝都是文学青年。

凤翔府换了一把手。原来的宋太守任期满后，轮调走了。

新来的太守姓陈名希亮，字公弼，和苏轼是老乡。

陈太守名声大而脾气坏。他特别讨厌那种装神弄鬼的大师，见着一个就收拾一个，收拾一个就遣返原籍一个。偏偏和尚装神弄鬼挺有市场，陈公弼在长沙任上就捉过一个跟当地权要交往密切的恶僧，全长沙的人都惊了。

他是少见的习武出身而掌一州政事的人，所以特别善于治军。经他训练的部队，如果奉命站定，哪怕迎着满天扑来的箭矢也纹丝不动。

陈太守打击封建迷信活动、惩治坑人骗钱的野僧恶巫之余，工作作风也相当强硬，他有个化繁为简、化难为易的本领：砍头！

搞封建迷信，砍！

搞乡绅霸凌，砍！

陈公弼的老家在青神，和苏妻王弗是同乡。不过奇怪得很，陈公对苏轼很是看不上，这让苏轼着实懵而怒：为什么？我又没惹你，你上来就给我甩脸色？尤其是我草拟的上奏文稿，是你一介武人随便改得了的吗？

结果就是两个脾气都硬的人撞在一起了，谁也不服谁。

当然了，主要是苏轼不服陈希亮。

陈希亮也有法子治他：他前去拜谒，陈希亮连门都不让他进。他只好在外边枯坐，坐着坐着都睡着了。

后来郁闷的苏轼作了一首诗：

客位假寐（因谒凤翔府守陈公弼）

谒入不得去，兀坐如枯株。岂惟主忘客，今我亦忘吾。
同僚不解事，愠色见髯须。虽无性命忧，且复忍须臾。

我拜谒大人，却没办法进入，只好冷冷枯坐，如同死树。岂是只有主人忘了我这个访客，如今我也忘了我自己是谁。

同僚搞不明白发生了何事，只见我的胡须上都透着愠怒的神色。好吧，再怎么样陈大人也不会砍了我，我且忍耐一会儿是一会儿。

苏轼是参加过贤良方正制科大考的，算是天子门生。一次，苏轼的同僚叫他“苏贤良”，陈太守不乐意了：“一个小小的判官，称什么贤良？”

于是那个倒霉的同僚被陈太守打了二十大板，苏贤良脸黑得像炭。

七月十五中元节，陈太守主持聚会，苏轼公然不参加，陈太守罚了他八斤铜。

一来二去，关系越处越僵，陈太守忍不下去了，向朝廷告状，说苏轼抗命。

陈太守造了一座凌虚台，让苏轼写一篇文章，用来刻碑以记，苏轼也不客气：

“……昔者荒草野田，霜露之所蒙翳，狐虺之所窜伏，方是时，岂知有凌虚台耶？废兴成毁相寻于无穷，则台之复为荒草野田，皆不可知也。尝试与公登台而望，其东则秦穆之祈年、橐泉也，其南则汉武之长杨、五柞，而其北则隋之仁寿、唐之九成也。计其一时之盛，宏杰诡丽，坚固而不可动者，岂特百倍于台而已哉！然而数世之后，欲求其仿佛，而破瓦颓垣无复存者，既已化为禾黍荆棘丘墟垅亩矣，而况于此台欤！夫台犹不足恃以长久，而况于人事之得丧，忽往而忽来者欤？而或者欲以夸世而自足，则过矣。盖世有足恃者，而不在乎台之存亡也。”

过去到处都是荒草野田、风霜雨露、野兽毒虫，那时候，谁知道会有一个凌虚台？一时废、一时兴；一时成、一时毁，周而复始，那么这个凌虚台谁知道什么时候又会变成荒草野田。登上这个台子四处望望吧，到处都是古代那些大人物留下的遗迹，当初都那么坚固华丽，比这个破台子坚固华丽多了，到最后还不是都变成了破瓦烂墙？到最后连破瓦烂墙都没了，还不是都长满庄稼、荆棘？更何况这么个破台子！台子既然不能长久，更何况人事的一时得失？就算你想要嚣张立世，那也已经太过分了。世界上真正能让你依仗的，肯定不在这个破台子上。

满满的讽刺。

陈太守居然一字不漏地给刻到碑上了。

后来，陈太守说："我看待苏洵，就好像是我儿子似的，苏轼那小子就像我的孙子。我平时故意不给他好脸色，是怕他年纪轻轻，暴得大名，骄傲自满，长歪了。"

好在苏轼并非不明事理。

几年后，陈太守去世，轻易不给人写碑铭的苏轼特地给他写了一篇碑铭：

"轼官于凤翔，实从公二年。方是时，年少气盛，愚不更事，屡与公争议，至形于言色。已而悔之。"

我苏轼在凤翔做官的时候，跟随大人两年。当时我年少气盛，看不清楚事理，屡次和大人有争议，以至于话不好听，脸色不好看。后来我就后悔了。

后来，苏轼交了一个至交好友，就是历史上鼎鼎大名的怕老婆的陈季常，他是陈太守的儿子，武功好，张弓可射天上飞鸟。

苏轼还写诗嘲笑过他：

"龙丘居士亦可怜，谈空说有夜不眠，
忽闻河东狮子吼，拄杖落手心茫然。"

苏轼在此地还结交了一个叫章惇的朋友。

章惇就是那个嫌自己的成绩不如侄子章衡，一气之下扔了敕诰回老家的人，特别有个性。

这人长得好看，又有才，喜欢搞服气辟谷那一套，把自己饿得瘦瘦的，穿起宽袍大袖的衣裳来，特别仙。

章惇当商洛县令时，正好在陕西境内，他和苏轼又同一年考过试，算是旧交。苏轼好旅行，两个人一起去了一个深山溪涧，只有一座独木桥横跨涧上，桥下是急流乱石，两侧石崖壁立。

章惇推苏轼："快快，咱们下去，去水潭边上的石壁题题字。"

苏轼狂摇头："不不不，我不去。"他的腿都软了。

章惇顺着独木桥就过去了，饱蘸浓墨，大书石壁："苏轼、章惇来此一游。"

等他回来了，苏轼说："子厚啊，将来你可是够胆杀人的啊！"

章惇："何出此言？"

苏轼："你能拼自己的命，还怕杀别人的命吗？"

章惇哈哈大笑。

第四节 外官变京官

苏轼和陈季常、章惇玩的时候，仁宗正被他的大臣们围追堵截。

也不知道怎么回事，从宋真宗开始，皇帝的子嗣就特别稀少。到了仁宗这一脉，干脆无后。

仁宗想着抱个儿子过来，让他当“招弟”，给自己招来一个亲儿子。

他的堂兄汝南郡王赵允让生了十几个儿子，个个虎头虎脑，壮壮实实的，于是，景祐二年（公元 1035 年）二月，仁宗把赵允让的第十三子接进皇宫，赐名赵宗实，让皇后亲自抚育。当年，赵宗实四岁。

赵宗实进宫才一年多，宫人俞氏就怀孕了，给仁宗生下皇长子。仁宗十分激动，大赦天下。可是，当天生子，当天大赦天下，当天儿子就死了。这恰好是苏轼出生这一年的事，他比仁宗的这个皇长子大几个月。

后来，宫人苗氏又给仁宗生下一个儿子，仁宗再次大赦天下，结果两年后，这个孩子又病死了。

这时候，赵宗实已经被皇帝打发回家了。

庆历元年（公元 1041 年）八月，朱才人给仁宗生下一子，这回他下诏国内国外，不要给他任何庆贺：我不收你们的礼，大家都不要宣扬，让我把儿子养大。

没想到，一年半后，这个孩子又死了。

大臣们先前还不说话，如今看着仁宗已过而立之年，开始委婉劝说他想办法立太子。仁宗不搭理。他想立亲生儿子为太子，可是亲生儿子一个也没有；让他立侄子为太子，他又满心不乐意。

大约是心里不爽快，仁宗病了。这下大臣们更慌了，你一本我一本，本本都催着仁宗立太子。起居舍人范镇更是一连上了十九道奏章，可怜的仁宗，坠入了群臣围攻、催立太子的汪洋大海。

没办法，仁宗又想起了被他退回去的赵宗实。这孩子如今也快三十岁了，仁宗下旨封他当宗正，主管皇族事务——这是让他当太子的前奏。

但是赵宗实不肯。

赵宗实那边不乐意，仁宗这边其实也不乐意，但是大臣们不依不饶，韩琦、欧阳修和司马光这几位大臣天天轮番上阵，分头围堵皇帝，给他摆事实、讲道理。

仁宗实在没脾气了，于是在嘉祐七年（公元 1062 年）八月，下诏立赵宗实为皇子，赐名赵曙。

赵曙一听立马装病，起不来床。

仁宗下令，你们就是抬也要把他抬进宫。没办法，赵曙只得进了宫。

嘉祐八年（公元 1063 年）三月二十九日，仁宗赵祯驾崩，享年五十四岁，“京师罢市巷哭，数日不绝。虽乞丐与小儿，皆焚纸钱哭于大内之前。”

当初，苏轼和苏辙皇榜得中，赵祯回宫，美滋滋地说，我给咱们孩子找到两个宰相。

如今，赵祯于宫中薨逝，苏轼在凤翔锻炼，苏辙在家奉养父亲，兄弟两个对仁宗并没有太深刻鲜明的印象。天下仁君，其实并没有多么强烈的存在感，只如春风拂面，使百姓自生自长。

紧接着，赵曙即位为宋英宗，他的长子赵仲鍼改名赵顼，被立为皇太子。

可怜的赵顼好像被关起来的笼中鸟，其父英宗也是。

有研究说，赵氏皇室有精神病史，英宗即位才四天，就突然大叫起“救命”来。

在宋仁宗的葬礼上，英宗的表现特别不正常，一会儿哭，一会儿笑，一会儿又嗷嗷地叫。宰相韩琦本来在一旁主持仪式，一看赶紧让人放下帷帘，命内侍把皇帝搀离现场。

这个样子，英宗还怎么处理朝政？没办法，韩琦等朝臣只好请曹太后暂时垂帘听政。

苏轼就是在这个大背景下，凤翔任满，回京述职的。

这有个名目，叫“磨勘”。

北宋地方官三年任期一到，朝廷就会停职停薪，以便吏部磨勘，再根据磨勘结果给他们别的职位。反正不能让他们在职掌权的时候磨勘，那样就没人敢说真话了。

磨勘其实很多时候也流于形式，上司给写的磨勘文书都差不多，基本上千篇一律。审官院的官员把一个个好评、中评、差评记录下来，有的文书评价特别高，那就放到一边，这一类人要重点考核。

苏轼跟着大家一起走形式的时候，他的心里还是有些紧张的。毕竟他是头次当官，而且皇帝也变成了英宗。

不过苏轼没想到，这个顶级上司是他的粉丝。

太后早把从已故的仁宗皇帝那里听来的“一榜觅来苏门两宰相”的故事绘声绘色地说给英宗听过，英宗对苏轼欣赏极了，想着干脆让他入翰林，当知制诰。结果韩琦驳回。苏轼有文才不假，但是重用也要适用对不对？就像一个画画好的人，未必当得好画院的院长；文章写得好的人，未必当得好作协主席；

拿得下世界冠军，未必能当得好国家体委主任。

英宗说那让苏轼当翰林修注总成了吧？宫中公务由他来管，宫里的事情由他负责记载——其实这和知制诰没多大差别，都是在中央决策班子内工作。

韩琦还是不同意："苏轼将来是要给天下人做事的，如果朝廷好好培养这样的人，让天底下的士人都了解他，进而畏慕他、拜伏他，然后再把他调入朝廷，想怎么用怎么用，世人没有二话。怕的是天下士人还不认可他的能耐，朝廷却突然给他高官厚禄，这样只会害了他。"总之，让苏轼一步一步、踏踏实实地升上来，按部就班，不要直升。

英宗不高兴了：这也不行，那也不行，我是皇帝，说话却不顶事。

韩琦偷眼看看，知道英宗曾经犯过病，也不敢太违逆，想了想，提出一个折中的建议：让苏轼进国家史馆修史吧。

外官变京官，这也算是相当照顾了。不过也要考，这是惯例："不若于馆阁中近上贴职与之，且请召试。"

英宗脱口而出："试之未知其能否，如轼有不能邪？"这种考试有什么用？像苏轼这样的人，还有考不过的吗？

但是不行，皇帝也要按制度来。

英宗不发病的时候，很宽和，凡事不大爱计较。有人借了他的金带，还他铜带，他也不追究。殿前侍者受命给他卖掉犀带，那犀带值三十万钱，被弄丢了，他也不追问。可能是他对钱没啥概念，也可能是他脾气好，也正因为这样，韩琦、欧阳修等人才能够说真话、说直话。

治平二年（公元 1065 年）二月，苏轼召试学士院，试二论：《学士院试孔子从先进论》《学士院试春秋定天下之邪正论》。

这是苏轼参加的第二次制科考试，为苏轼试馆职而以制科特旨命试。

最后，苏轼的二论皆“复入三等”，于治平三年（公元 1066 年）二月，得直史馆，从六品。

馆职中职位最高的是修撰，其次是直馆，再次为校理，最低的是校勘、检讨等。

宋初设史馆、昭文馆和集贤院三馆，都在崇文院，其实就是国家图书馆。宋太宗端拱元年（公元 988 年），下诏在崇文院中建秘阁，三馆与秘阁合称为“馆阁”。洪迈《容斋随笔》说：“国朝馆阁之选，皆天下英俊，然必试而后命。一经此职，遂为名流。”

苏轼成了名流了。

那么，对于挡了他的升迁之路的韩琦，苏轼是怎么想的？

他很感激：“公可谓爱人以德矣。”

苏轼回了京，接过了奉养老父的重任，不久苏辙被委任为大名府推事，走马上任去了。

第五节　王弗病逝

苏轼这阵子日子过得不错，上班的地方窗外虫鸣唧唧，有一种安静中的热闹，喧嚷中的宁贴。

他照常给弟弟写诗：

次韵子由弹琴

琴上遗声久不弹，琴中古意本长存。苦心欲记常迷旧，信指如归自着痕。

应有仙人依树听，空教瘦鹤舞风骞。谁知千里溪堂夜，时引惊猿撼竹轩。

可是没过多久，当年五月，王弗病逝，享年二十六岁，留下一子苏迈。

苏轼和王弗一直夫妻恩爱，自从嫁了苏轼，王弗先是侍奉婆婆，婆婆病逝后又照顾丈夫，丈夫回了京城，天天上班，她就天天在家抚育孩子、侍奉公公。

如今她一病而亡，苏轼为妻子写下墓志铭：

“君讳弗，眉之青神人，乡贡进士方之女。生十有六年，而归于轼，有子迈。君之未嫁，事父母；既嫁，事吾先君、先夫人，皆以谨肃闻。其始，未尝自言其知书也。见轼读书，则终日不去，亦不知其能通也。其后，轼有所忘，君辄能记之。问其他书，则皆略知之，由是始知其敏而静也。

从轼官于凤翔。轼有所为于外，君未尝不问知其详。曰：‘子去亲远，不可以不慎。’日以先君之所以戒轼者相语也。轼与客言于外，君立屏间听之，退必反覆其言，曰：‘某人也，言辄持两端，惟子意之所向，子何用与是人言。’有来求与轼亲厚甚者，君曰：‘恐不能久，其与人锐，其去人必速。’已而果然。将死之岁，其言多可听，类有识者。其死也，盖年二十有七而已。始死，先君命轼曰：‘妇从汝于艰难，不可忘也。他日，汝必葬诸其姑之侧。’未期年而先君没，轼谨以遗令葬之，铭曰：

君得从先夫人于九泉，余不能。呜呼哀哉！余永无所依怙。君虽没，其有与为妇何伤乎。呜呼哀哉！”

苏轼十年后作词以祭：

江城子·乙卯正月二十日夜记梦

十年生死两茫茫。不思量，自难忘。千里孤坟，无处话凄凉。纵使相逢应不识，尘满面，鬓如霜。

夜来幽梦忽还乡。小轩窗，正梳妆。相顾无言，惟有泪千行。料得年年肠断处，明月夜，短松冈。

女人都是爱打扮的，所以苏轼梦见的王弗也是在梳妆台前打扮。这时候，苏轼闯进来，二人镜中相对，恍然惊觉：

你不是死了吗？

我不是死了吗？

你在人间还好吗？

你在那边还好吗？

这一下子，顿觉光阴无情，遽乎匆匆。醒过来才发现妻子在自己春风得意时死去，并不知道这十年来自己过的是什么样的日子，尘土满面，满鬓如霜，再见到此时的自己，已不复那年的少年郎。

平时活得忙忙碌碌，静下来却不敢到坟前去看，因为一看就会想，一想就会疼，一疼就会哭，一哭眼泪就是一千行。

第三章

杭州通判

人　间　有　味　是　清　欢

第一节　熙宁变法

//

治平三年四月二十五日，苏洵病逝，享年 58 岁。

苏轼和苏辙各自辞官，护送父亲和王弗的灵柩出京都，回老家安葬。

苏洵与其妻子合葬，王弗就葬在二老的坟旁。

苏轼在祖茔前种了三千棵松树，所以十年后，他会在词里写“明月夜，短松冈”。

就在他们丁忧的时候，公元 1067 年初，宋英宗驾崩，其子赵顼即位，是为神宗，次年改年号为熙宁。

当时，全国各地都有天灾人祸，边境要靠花钱才能买一时平安。养的兵越来越多，却越来越不会打仗；进士越取越多，却没有那么多官位可以分配；官员越来越多，可是干实事的只有那么几个；给相邻诸国的岁币越来越多，养得邻国的胃口越来越大。

到处都要用钱，可是钱从哪儿来？

百姓日夜不停地为缴纳各种苛捐杂税而劳作，结果仍旧缴不完，不得不丢了田，失了地，典了妻，卖了儿，变成流民贼寇。

神宗接手的，就是这么一个烂摊子。

王弗死后三年，苏轼续娶了王弗的堂妹王闰之。

王闰之比苏轼小十多岁，比不上王弗的聪颖灵秀，文化水平也不高，但是她对王弗的小孩苏迈很好，哪怕她之后生了自己的孩子苏迨和苏过，仍旧对苏迈特别好，三个孩子的待遇没有一点差别。

苏家兄弟丁忧完毕，于神宗熙宁元年（公元 1068 年）腊月再次携眷返回京师，从此再也没有回乡。

进入神宗时代，韩绛、韩维兄弟是王安石的好友，韩维是神宗的藩邸亲信，经常在神宗面前提起王安石和他的变法主张，急于为国家找到出路的神宗特许王安石“越次入对”。

在一来一往的君臣对话中，王安石一再鼓励这个年轻的皇帝“法先王”，就是以尧舜为法，破除因循守旧的习惯势力，改革祖宗家法中业已存在的弊端，实现富国强兵的伟大理想。

君臣二人有着共同的冀望，心弦产生强烈的共鸣，王安石在皇帝心中的地位无限拔高，神宗觉得他人品第一、学识第一、文才第一、吏能第一，样样都是第一。

就这样，两个人的关系飞速进入蜜月期。

于是，熙宁二年（1069 年）二月，宋神宗任命王安石为参知政事，“熙宁变法”由此开始。此时，苏轼、苏辙尚未举家返京，他们是在这年腊月才回的京城。

为了方便王安石推行变法，朝廷设立了制置三司条例司，由王安石和知枢密院事陈升之共同主持，不过实际负责者是吕惠卿，王安石大事小事都和他商量着办。

王安石又引荐章惇为编修三司条例官、曾布为检正中书五房公事。

于是，变法的权力架构就有了：第一层是王安石，第二层是吕惠卿、章惇、曾布。

熙宁三年（公元 1070 年）十二月，宋神宗任命王安石为宰相，全面主持新法。与王安石同时拜相的，还有他的好友韩绛。

王安石是个好读书的，苏轼也是个好读书的。传说这两人还比试过，结果苏轼输了。

这天，王安石对苏轼说：你看我这满架子的书，你爱抽哪本抽哪本，爱翻哪页翻哪页，只要你念出上句来，我就能接下句，接不上算我输。

苏轼看到一本书上积着厚厚的灰，显然很久不曾打开过。他就把这本书抽出来，闭着眼翻一页，打开后念出来：“如意君安乐否？”王安石接口道：“窃已啖之矣。”

然后王安石问苏轼：你知不知道这句是什么意思？苏轼摇头。

原来，这是一个小故事，说的是长沙郡武冈山后有一狐狸巢穴，里面生活着两头会变身化形的九尾狐，经常变成漂亮女人勾引男人入穴，伺候得她们好了便罢，伺候不好就把他瓜分着吃掉。

这天，有一个叫刘玺的进山采药，也中了招，给迷进了狐狸洞。她们老是勾着他求欢，还给他起个名字叫如意君。

这天，大狐狸出洞觅食，小狐狸在巢穴还想和刘玺云雨，结果刘玺不成，小狐狸就把他吃掉了。大狐狸回来后问如意君还好吗？小狐狸回答："窃已啖之矣。"

这么生僻的故事王安石都能背诵如流，可见王安石真是个读书种子。

说实话，王安石最适合的也许是在翰林院里好好地做他的文字工作，可是他又有忧国忧民的志向，因为读书人的方正，把实事做成了虚事，把好事做成了坏事。

苏轼这次回京，就任殿中丞。他的仕途刚刚起步，和王安石的级别差着十万八千里。

王安石是很欣赏苏轼的，但是苏轼冲王安石开火了，他给神宗上了一篇万言书：

……青苗放钱，自昔有禁，今陛下始立成法，每岁常行，虽云不许抑配，而数世之后，暴君污吏，陛下能保之欤？异日天下恨之，国史记之曰：青苗钱自陛下始，岂不惜哉？东南买绢，本用见钱，陕西粮草，不许折兑。朝廷既有著令，职司又每举行，然而买绢未尝不折盐，粮草未尝不折钞，乃知青苗不许抑配之说，亦是空文……

……借使万家之邑，止有千斛，而谷贵之际，千斛在市，物价自平。一市之价既平，一邦之食自足，无操瓢乞丐之弊，无里正催驱之劳。今若变为青苗，家贷一斛，则千户之外，孰救其饥？且常平官钱，常患其少，若尽数收籴，则无借贷，若留充借贷，则所籴几何？乃知常平青苗，其势不能两立，坏彼成此，所丧愈多，亏官害民，虽悔何逮？……

夫奸臣之始，以台谏折之而有余，及其既成，以干戈取之而不足。今法令严密，朝廷清明，所谓奸臣，万无此理。然而养猫以去鼠，不可以无鼠而养不捕之猫；畜狗以防奸，不可以无奸而畜不吠之狗……

今者物论沸腾，怨讟交至，公议所在，亦可知矣。而相顾不发，中外失望。夫弹劾积威之后，虽庸人亦可奋扬风采，消委之余，虽豪杰有所不能振起。臣恐自兹以往，习惯成风，尽为执政私人，以致人主孤立。纪纲一废，何事不生？

君子和而不同，小人同而不和，和如和羹，同如济水……若使言无不同，意无不合，更唱迭和，何者非贤？万一有小人居其间，则人主何缘得以知觉？

洋洋洒洒，笔不停挥，文不加点，一气写好，夹枪带棒。

宋神宗没理苏轼。

没理他就是宽宥他了，他上表后，是已经做好了杀头的准备的。

然后，苏轼就再上，再上，再上。可是他上多少也没用，宋神宗就是不理他。王安石是个磊落人，也并不给他穿小鞋。

熙宁四年（公元 1071 年），苏轼任告院，权开封府推官，出了一道乡试考题《论独断》。

这是明显的含沙射影。

新党有人看不下去了。御史谢景温冲着苏轼开火了，他弹劾苏轼当初送父亲灵柩回乡，滥用了官家卫兵，还投机倒把，倒卖家具和瓷器，说不定还偷运私盐，贩私盐牟利。

自古以来，盐、铁、茶都是国家专卖，他竟然敢投机倒把，必须查!

结果也没查出什么来，因为苏轼没有公器私用，没有投机倒把。

这时候，司马光还没离开朝廷，皇帝跟司马光聊天，说苏轼这人人品不怎么样吧，你看他都被人告了，你当初是不是看走眼了?

司马光说，陛下啊，谢景温可是王安石的亲戚，谢景温告苏轼，为的是谁，难道您心里还不明白?再说，退一万步来讲，就算苏轼他人品不好，难道还能坏过隐瞒母丧不报的畜生李定?

苏轼脾气上来了就写下洋洋洒洒一万言，脾气下去了又觉得后怕，觉得朝廷是龙潭虎穴，还是避之则吉，所以他就上表请求外调。

皇帝也顺水推舟，让他去当颍州太守。但是，王安石和谢景温觉得这个官位太高了，就给他变成了颍州判官。一把手变成二把手，皇帝觉得不忍心：既然把他的一把手给撤了，那就别去颍州了，去杭州当通判吧。去个富裕地方，两相折中一下。

于是苏轼拍拍屁股走人了，他在京城的板凳还没坐热呢。

苏辙比他哥下乡还早。他一个劲说青苗法不好，把王安石惹得动了气。熙宁二年八月，苏辙被贬出京，任河南府留守推官。熙宁三年二月，张方平知陈州，征召苏辙为陈州教授。

第二节　官妓与和尚

熙宁四年（公元 1071 年）七月，苏轼携眷赴杭。这年，他三十四岁，正当壮年。

也是在这一年，范镇因为直言王安石“进拒谏之计”“用残民之术”，被罢了官。范镇是司马光的好朋友，司马光很生气，愤然上疏为范镇鸣不平，自己退居洛阳，从此闭口不谈政事，远离政治，继续编《资治通鉴》。

整个朝廷像一潭死水。

苏轼到了杭州，如鱼得水。他老觉得他前世是杭州人，所以一来就觉得像是回了家。有一回游寿星院，他一进门就觉得莫名的熟悉。他从来不曾到过此地，此时却明明白白地知道走九十二级可到向忏堂。

杭州好玩的东西太多了。这里过年要拜年，清明节要借着上坟的机会，到郊外宴饮。

到了暮春时节，牡丹、芍药、棣棠、木香、荼、蔷薇、金纱、玉绣球、小牡丹、海棠、锦李、徘徊、月季、粉团、杜鹃、宝相、千叶桃、绯桃、香梅、紫笑、长春、紫荆、金雀儿、笑靥、香兰、水仙、映山红……到处都是卖花声。

五月初五，家家买桃、柳、葵、榴、蒲叶，又买茭、粽、五色水团、时果、五色瘟纸，当门供养。

八月中秋，金风荐爽，玉露生凉，丹桂飘香，银蟾光满，大富之家登楼临轩以赏月，小门小户也安排家宴酬佳节。

九月里九九重阳，万龄菊、桃花菊、木香菊、喜容菊、金铃菊、金盏银台菊盛开。

十二月尽，洒扫门闾，去尘秽，净庭户，换门神，挂钟馗，钉桃符，贴春牌，祭祀祖宗。

当真是上有天堂，下有苏杭。

苏轼一来就爱上了这里，于是写道：

六月二十七日望湖楼醉书（五绝·其五）

未成小隐聊中隐，可得长闲胜暂闲。

我本无家更安往，故乡无此好湖山。

更是爱上了西湖：

饮湖上初晴后雨二首·其二

水光潋滟晴方好，山色空濛雨亦奇。

欲把西湖比西子，淡妆浓抹总相宜。

苏辙此时在陈州做教授，苏轼常跑到弟弟家住，张方平也把家安在陈州，他们时常见面。

苏轼的长子苏迈这时十多岁，次子也已经出生。了不起的是，苏辙家已经生了十个孩子。苏辙仍是不苟言笑的模样，住着小破屋。苏轼笑话苏辙："常时低头诵经史，忽然欠伸屋打头。"苏辙也不恼，也不笑。

忙完公事，苏轼有时一个人去庙里找老和尚说话，有时候和家人去西湖赏景，有时候和同事一起宴饮，有时候他还召妓。

不得不说，宋朝的官妓行业很发达。

蝶恋花·送潘大临

别酒劝君君一醉。清润潘郎，又是何郎婿。记取钗头新利市。莫将分付东邻子。

回首长安佳丽地。三十年前，我是风流帅。为向青楼寻旧事。花枝缺处余名字。

这首词是苏轼被贬黄州期间，送潘大临远行参加考试时所写。

看他多么得意："三十年前，我是风流帅。"

"花枝缺处余名字"，其实就是翻牌子的意思。青楼女子各有艺名，把艺名写在花牌上，如果有人要请她们外出侑宴，邀请人的名字也要写在花牌的空缺处。

苏轼应该没少在花牌上留自己的名字。

苏轼怜惜风月场中的女子，写下《薄命佳人》：

双颊凝酥发抹漆，眼光入帘珠的皪。
故将白练作仙衣，不许红膏污天质。
吴音娇软带儿痴，无限闲愁总未知。
自古佳人多命薄，闭门春尽杨花落。

北宋王辟之的《渑水燕谈录》中记载了这样一件事：苏轼

初来杭州的时候，他的上司还没到，所以他暂代郡职数月。

这天，他收到一个营妓的状子，诉说了自己的身世，恳求脱了妓籍从良。苏轼起了同情心，大笔一挥："五日京兆，判状不难；九尾野狐，从良任便。"

这里的"五日京兆"是一个典故：汉代的张敞被人弹劾，按规定五日后便要离职。正好有一个案子要办，他就令部下絮舜去查办。絮舜不理解，"你只能当五天京兆了，还办什么案子呢？五天后你一走，我不是白忙活一场？"所以，他干脆回家睡觉去了。

张敞大怒，让人去絮舜家，将他拘押起来之后杀掉了。

苏轼说的是虽然自己只是临时负责，但是，断这么一个小小的案子还是没问题的。

他的上司陈襄终于来了，于是，他就大张旗鼓地带着一批歌妓、舞女去苏州亲迎。

后来，苏轼还帮一个叫周韶的歌妓脱过妓籍。

这个歌妓是知府陈襄十分喜爱的，苏轼不能硬来，所以就想了一个曲线救国的法子。

大臣苏颂因为拒绝草诏李定为监察御史里行而被神宗撤职下放做婺州知州，这回他来杭州公干，陈襄设宴招待他，席间就把周韶传来，教她侍宴侑酒。

周韶请求苏颂帮她脱籍，苏颂说这样吧，你以廊下笼子里的白鹦鹉为题，作一首诗上来，诗若好，我就替你求情。

周韶提笔立就：

陇上巢空岁月惊，忍看回首自梳翎。
开笼若放雪衣女，长念观音般若经。

大家都喝彩，苏轼赶紧趁热打铁：列位可知为什么周韶身穿白衣？因为她此时正在居丧。可怜一个妓者，为亲人戴着重孝，还要出来供唱，何其可惜。

苏颂一听，好可怜，向着陈太守一抱拳："太守，您看……"

陈襄一听，罢了，那便放周韶脱籍吧。

事后，苏轼作诗：

常润道中有怀钱塘寄述古五首·其二

草长江南莺乱飞，年来事事与心违。
花开后院还空落，燕入华堂怪未归。
世上功名何日是，樽前点检几人非。
去年柳絮飞时节，记得金笼放雪衣。

官妓有很大一部分是犯官家属。琴操出身官宦，因为父亲犯罪，她沦落风尘。苏轼来杭州这一年，她刚刚十六岁。苏轼让她脱了妓籍，然后她出家为尼，二十四岁时去世。

苏轼和妓女有交情，与和尚也有交情。一头是欲，一头是空，他在这二者之间来回游走，无缝对接。俗起来，他领着一帮妓女招摇过市；空起来，他与和尚在一起打坐参禅。

北宋佛教兴盛，杭州更是佛寺众多，据说环西湖的佛寺就有三百六十处。

苏轼到了杭州，无论是他现在当二把手也好，还是将来他当上了杭州的一把手也好，都喜欢跑去找和尚聊天。

他两次任职杭州，认识了一大批和尚：惠勤、惠思、清顺、守铨、惟肃、仲殊、道臻、可久、慧辩、大通、惠觉、怀琏……

他也很得意："默念吴越多名僧，与予善者常十九。"

杭州孤山俞楼后有"六一泉"，它有一段故事，说的是苏轼被贬为杭州通判，赴杭上任前，欧阳修特地写信给禅居杭州孤山广化寺的好友惠勤和尚，介绍他和苏轼相识。

苏轼到任后，先来拜访惠勤，二人一见如故，交成莫逆，常常联名请欧阳修来杭相聚，但欧阳修一直没顾得上。四年后，苏轼任满离杭，欧阳修也因病去世。

宋哲宗即位后，苏轼又被贬为杭州知州。他再度去孤山探访惠勤，惠勤已病殁多时。他见到惠勤弟子绘的惠勤和尚和欧阳修的画像，思念故友与恩师，心中感慨。就在此时，有清泉涌出地底，苏轼就建为方池，还写了一篇泉铭，以纪念他们二人。因为欧阳修自号"六一居士"，遂取名为"六一泉"。

他和惠勤、惠思正聊得开心，特地作诗：

腊日游孤山访惠勤、惠思二僧

天欲雪，云满湖，楼台明灭山有无。水清出石鱼可数，林深无人鸟相呼。

腊日不归对妻孥，名寻道人实自娱。道人之居在何许？宝云山前路盘纡。

孤山孤绝谁肯庐？道人有道山不孤。纸窗竹屋深自暖，拥褐坐睡依团蒲。

天寒路远愁仆夫，整驾催归及未晡。出山回望云木合，但见野鹘盘浮图。

兹游淡薄欢有余，到家恍如梦蘧蘧。作诗火急追亡逋，清景一失后难摹。

天要下雪，云已满湖。楼台明明灭灭，山色若有若无。溪水清清，露得石出，游鱼历历，条条可数。密林深深，到处无人，唯有鸟雀，彼此相呼。

时值腊月，不肯归家面对妻儿，名义上来寻访僧人，实际上我是自寻开心。僧人禅房在何处？宝云山前有小路。

孤山独高，谁肯结庐居住？僧人道行深厚，显得孤山不孤。纸窗竹屋幽深温暖，惠勤与惠思穿着粗布僧衣打坐在蒲团上。

天寒路远，仆夫发愁回家要晚，整理行装催我回去，太阳尚未落山。出得山来，回头相望，云木四合，唯见一只野鹘在佛塔上盘旋。

此次出游虽然淡然却很欢乐，到了家里还觉得是做了一场梦乍然醒了。赶紧作诗追述正在消散的印象，那清丽的景色一旦忘记，就再难描摹。

苏轼还去龙井探望隐居的辩才大师。

大师已经八十多岁，二人一见如故。苏轼走时，辩才大师为其送行——辩才曾经定下规矩，送客最远不过虎溪，结果苏轼来后，他经常是一送就送过了虎溪。左右的随从惊呼："远公又过虎溪了。"于是就在溪上建亭，名"过溪亭"。

苏轼在西湖北山葛岭宝严院游玩，于僧舍壁间见一小诗：

竹暗不通日，泉声落如雨。
春风自有斯，桃李乱深坞。

打听到作者是清顺和尚，于是和清顺结识。

又在梵天寺的墙壁上见到题诗：

落日寒蝉鸣，独归林下寺。
柴扉夜未掩，片月随行屦。
唯闻犬吠声，又入青萝去。

颇喜，和诗一首于后：

但闻烟外钟，不见烟中寺。
幽人行未已，草露湿芒屦。
惟应山头月，夜夜照来去。

于是和诗的作者守铨和尚也结识了。

苏轼很有名的一首诗：

宁可食无肉，不可使居无竹。
无肉令人瘦，无竹令人俗。
人瘦尚可肥，士俗不可医。
旁人笑此言，似高还似痴。
若对此君仍大嚼，世间那有扬州鹤？

就是他在下乡视察的时候，应当地一处寺庙的和尚惠觉之请，为寺中绿竹写下的诗——《于潜僧绿筠轩》。

他朋友圈里的和尚，大多都是这么认识的。

苏轼顽皮，曾经带妓女进大通和尚的寺院，大通和尚不高兴，苏轼马上作一首小调，教妓女唱出来：

师唱谁家曲，宗风嗣阿谁，借君拍板与门槌，我也逢场作戏莫相疑。

溪女方偷眼，山僧莫皱眉，却愁弥勒下生迟，不见阿婆三五少年时。

大通忍不住大笑。苏轼和妓女走出禅房，夸口说他们向老和尚学了一堂“密宗佛课”。

灵隐寺有一位和尚名叫了然，勾搭上了一个叫李秀奴的女子，把香火钱都给她，直到自己的钱也花光，秀奴就不再理他了。他恼羞成怒，打死了秀奴。

苏轼抓住和尚后，发现他身上刺着两行字：“但愿同生极乐国，免教今世苦相思。”

可以说很痴情了。

苏轼叹气，挥笔作词：

这个秃奴，修行忒煞，灵山顶上空持戒。一从迷恋玉楼人，鹑衣百结浑无奈。

毒手伤人，花容破碎，空空色色今何在？臂间刺道苦相思，这回还了相思债。

最后把花和尚问斩。

苏轼和佛印和尚交往的传说是最多的。

据说佛印上京赶考，苏轼赏识他，把他推荐给了皇帝。皇帝一看他，白团团好一个佛相，就让他出家为国祈福。于是，佛印就这么不情不愿地出了家。

不过佛印出家和在家的情形相差不大，除了不能吃肉、娶妻之外，出门骑大走骡，进门有仆人伺候，个性又风流。他们交往起来，官不像官，僧不像僧。

一天，苏轼去找佛印下棋，走进寺庙，高喊一声："秃驴何在?"佛印回答："东坡吃草。"两人哈哈大笑。

有一次，两个人泛舟而行，苏轼看见河边一犬啃骨头，就拿扇子指着叫佛印看。佛印一把夺过上面有苏轼题诗的折扇，扔进河里。

——原来，苏轼想说的话是"狗啃河上（和尚）骨"，佛印还回去的是"水流东坡诗（尸）"。

苏轼不甘心，在和佛印游玩的时候，再次出言挑衅："古人常将'僧'与'鸟'在诗中相对，举例说吧，'时闻啄木鸟，疑是叩门僧'。还有，'鸟宿池边树，僧敲月下门'。我佩服古人以'僧'对'鸟'的聪明。"

佛印悠悠地说了一句话，让苏轼哑口无言："这就是我为什么以'僧'的身份与汝相对而坐的理由。"

又有一次，苏轼派人送给佛印一首佛理诗："稽首天中天，毫光照大千。八风吹不动，端坐紫金莲。"

佛印只批了俩字："狗屁。"

苏轼很生气，登门问罪。佛印说，你不是"八风吹不动"吗？怎么被我一个"屁"字打得你过江了？

又一次，二人同游，苏轼发问："观音为什么数手里的念珠？"

佛印答："她在求佛保佑。"

苏轼问："她向谁求？"

佛印答："向她自己。"

苏轼又问："她为什么向自己求？"

佛印说："求人不如求己啊。"

还有一次，苏轼与黄庭坚同访佛印，佛印请苏轼给自己新盖好的卧房起个雅号，苏轼应允，起名"增通轩"，且解释曰："增者增长智能，通者通畅释机。"

佛印大喜，请苏轼题字。黄庭坚说，你别听他的，这厮骂人呢！

佛印茫然，黄庭坚解道："四声调韵说，增怎赠贼，通统恸秃，轩显现歇。顺序切到最后一个入声字，乃'贼秃歇'也。"

三人皆大笑。

有必要说明的一点是：其实和苏轼关系最密切的和尚是诗

僧参寥，但是因为苏轼和佛印斗智的传闻最多，所以大家就都觉得他和佛印的关系最好了。

世间事难免以讹传讹，好比把连翘认成迎春花。

第三节 会写词的判官

苏轼在杭州留下不少诗词。

其时，诗已经彻底老熟，有点叶落果疏。词发展到那时，呈现出成熟的气象：苏轼、秦观、黄庭坚、晏几道、周邦彦……都是写词大手，大家写来写去，词就成了气候。

一天，苏轼去润州赈灾，途中思念妻子，作词一首：

少年游

去年相送，余杭门外，飞雪似杨花。今年春尽，杨花似雪，犹不见还家。

对酒卷帘邀明月，风露透窗纱。恰似姮娥怜双燕，分明照、画梁斜。

这首词作于熙宁七年（公元 1074 年）三月底四月初，苏轼在润州思念妻子，却用妻子的口吻作词，想着在杭州的她多么想念自己，在婉转情怀里透着一点男人的调皮。

王闰之此时才二十多岁，已经给他生了两个男孩。她进门就给堂姐生的儿子当后妈，紧接着自己生了两个孩子，她对这三个孩子一视同仁，打同样打，罚同样罚，亲同样亲，照顾是一同照顾。

苏轼在后来给好友王巩的信里，这么夸她："妻却差贤胜敬通。"

"敬通"是东汉大鸿胪冯衍的字。《后汉书》称冯衍"幼有奇才，年九岁，能诵《诗》"，所以后世夸说人读书很多，就会说此人"博览群书"，这个词就出自于对他的评价。冯衍有学问，娶妻却悍妒，苏轼这句诗的意思是：我老婆，比起敬通的老婆，那是好得多。

其实，苏轼的心里，始终有一缕明月光，既不是王弗，也不是王闰之，更不是朝云，而是他的堂妹小二娘。

考证出这一点来的，是林语堂先生。林先生在他的大作《苏东坡传》里说，小堂妹才是苏轼的甜甜苦苦的初恋加暗恋。

他说，苏轼喜爱杭州，却常去杭州的附近，比如靖江——因为他的小堂妹嫁给了柳仲远，就住在靖江附近。

苏轼在堂妹家住了三个月，写了大量的旅游诗记，却一次也没有提到柳仲远的名字，也没有给他写过一首诗。当然，他也没有给小堂妹写过诗。但是，他有两首诗费人疑猜。

一首是回忆皇宫内的一株花，其中有这样的句子：

厌从年少追新赏，闲对宫花识旧香。

彼时，苏轼并没有置身皇宫大内，更没有坐对宫花。宫花显然是女人，旧香显然是旧情。

还有一首是写给杭州太守陈襄的：

羞归应为负花期，已是成阴结子时。与物寡情怜我老，遣春无恨赖君诗。

玉台不见朝酣酒，金缕犹歌空折枝。从此年年定相见，欲师老圃问樊迟……

林语堂的推理入情入理：

这首诗给陈襄，或是赋牡丹，都不相宜，仔细一看，连与诗题都漠不相干，“成阴结子”与牡丹更无关系。他也没有理由要太守陈襄“怜我老”。“从此年年定相见”是分别时的语句，并且用于归见同僚，而且苏东坡心中绝无心在陈太守邻近安居务农的打算。倘若说这首诗确是写给陈太守的，用绿叶成阴求爱已迟，必然是够古怪的。……若从另一角度观之，看做是他写给堂妹的，则这首诗在主题和思想上便很完整了。

苏轼说他愿意在常州安居，好离得堂妹近一些。后来，他果然在常州买了房产田地，死也死在了常州。

小堂妹先于苏轼去世，那时苏轼也已到暮年，大风大浪经过无数，已经少见悲喜，听到丧信，却“情怀割裂”。不久，小堂妹的丈夫也去世了，夫妻合葬在靖江老家。

苏轼以衰迈病体，渡江祭拜，写下祭文，祭的主角还是小堂妹：“慈孝温文，事姑如母，敬夫如宾。”而他自己：“万里海涯，百日计闻。拊棺何在，梦泪濡茵。”

他那时候已经老了，病了，可是躺在炕上，流泪流得褥子都湿了。第二天，朋友去看他，他正躺在炕上，侧身面壁，哭得身子都在抽搐。

不久，苏轼去世了。

——如若林先生的推测是真的，那苏轼这辈子有点苦。如果是表妹，他还可以求娶，同源同宗的堂妹，他能怎么办呢？

苏轼长得帅不帅？

苏轼在《传神记》里写道：“吾尝于灯下顾自见颊影，使人就壁模之，不作眉目，见者皆失笑，知其为吾也。”

光是看画在墙壁上的颧骨和脸颊的形状，别人都能看出是他，那得是多么与众不同。

苏轼的高颧骨一直延伸到耳朵，他称为“寿骨贯耳”。他的表弟程德孺也长着这样的“寿骨贯耳”，所以在朝堂之上，别人根本不用问，就知道他们是亲戚。苏轼在给表弟写的诗中说：“长身自昔传甥舅，寿骨遥知是弟兄。”

大脑门、大颧骨、大长脸，不但跟“帅”字根本不沾边，而且晚年时，苏轼自嘲地说他骨相不好，所以命途坎坷。

奇怪的是，后世读者探讨苏轼长相的人很少，读他的诗词，就自然忽略了他长什么样子。活在现世的人才会最大限度地关注皮囊，被历史淘洗过后留下的只有人的才华。

不过，才华即便在当世，也是比皮囊更加让人关注的元素。

当年苏轼尚未考进士时，苏洵带着他和苏辙在雅州小住。雅州太守雷简夫爱其才华，亲自替他们写信给韩琦、张方平、欧阳修，推荐这一门三父子。雷太守有一个女儿喜欢苏轼，想要嫁给他，却被苏轼拒绝。

因为雷家名声不佳。雷简夫的祖父在朝为官，做人不厚道。雷简夫的父亲又有乱伦丑闻，雷简夫本人也特别爱钻营。所以苏轼不肯，雷家的女儿抑郁而终。

苏轼的《卜算子·孤鸿》写得孤独，少见的冷清。词里的“孤鸿”如果用来比喻他自己，当然可以；不过如果用来比喻他思小二娘而不可得，或者雷家女儿思他而不可得，意思、境界也都说得通，教人越读越周身寒凉顿生，千古之下，天地悠悠，我独悲怆。

缺月挂疏桐，漏断人初静。谁见幽人独往来，缥缈孤鸿影。

惊起却回头，有恨无人省。拣尽寒枝不肯栖，寂寞沙洲冷。

苏轼有抱负，不可能一直沉浸在儿女私情中，他最大的关注点仍旧在人间世情、社稷江山上。这是一个为官者的基本修养。

天灾连年，越发显出新法无情，偏偏一些地方官为讨好当政者，故意隐瞒灾情。苏轼很生气、很苦恼，写奏章向朝廷如实反映地方灾情民瘼，呼吁朝廷减免赋税。

朝廷决策他无法干涉，但是能做的事情还是要做的。

苏轼是判官，当然要坐堂审案。不过他审案不是在公规森严的大堂，而是在湖光山色的西湖小亭上。宋人笔记《梁溪漫志》里有这样的记载："至冷泉亭，则据案剖决，落笔如风雨，纷争辩讼，谈笑而办。"到了冷泉亭里，把着案桌一件件剖决案件，落笔急快如风刮雨落，百姓纷争辩讼，谈笑着就办结了。

相传有一个叫张二的人，跟一个商人借了一批绫绢，做成扇子来卖，结果连天阴雨，扇子卖不出去，还不了商人的债。

苏轼让他把扇子都拿来，饱蘸浓墨，给这把扇子画两笔画，题几句诗，再给下一把扇子画两笔画，题几句诗——每把扇子都是独一无二的，上面都有名满天下的苏轼的字画。眨眼之间，几十把扇子都落上了"眉州苏轼"的款识。苏轼哈哈一笑："去吧，拿去卖钱。"

张二马上开门营业，人们闻风而至，你争我抢，价高者得，转眼之间，二万钱凑齐。张二不但还了债务，自己还有盈余。

第四章

乌台诗案

人间有味是清欢

第一节　人间炼狱

新法正不遗余力、不计代价地推行。国家把盐类专卖权收归国有，但是又不肯降价，百姓吃不起官盐，只好低价买私盐贩子的盐。为了杜绝钱财外流，国家狠狠打击私盐贩子，光是杭州监狱里关押的私盐贩子就有一万七千多人！官府与民争利的结果是百姓三个月都买不到、吃不起食盐。

山村五绝·其三

老翁七十自腰镰，惭愧春山笋蕨甜。
岂是闻韶解忘味，迩来三月食无盐。

老翁年已七十，腰上还插镰下田。真是惭愧，春天的山里挖来的笋蕨味道清甜。

并不是听到好的音乐就忘了口中滋味，而是近来三个月都没有吃过食盐。

苏轼看见百姓受苦受罪，他就忍不住挥动手里的笔。

吴中田妇叹

今年粳稻熟苦迟，庶见霜风来几时。霜风来时雨如泻，杷头出菌镰生衣。

眼枯泪尽雨不尽，忍见黄穗卧青泥。茅苫一月垅上宿，天晴获稻随车归。

汗流肩赪载入市，价贱乞与如糠粞。卖牛纳税拆屋炊，虑浅不及明年饥。

官今要钱不要米，西北万里招羌儿。龚黄满朝人更苦，不如却作河伯妇。

正在苦恼今年稻谷熟得这样迟，还指望不久就有秋风起。谁知秋风起时，还夹着劈头瓢泼的大雨。风雨不歇，耙头、镰刀都长霉。眼睁睁地看着金黄的稻穗泡在泥地里，心里好比刀子在割，一阵阵疼。眼泪哭干了，雨还是下个不停。个把月来，搭个茅棚就在田埂上睡，天转晴，赶紧收谷，用车子运回。满身大汗，肩头压得通红，买谷人还价就和买糠、碎米一个样！没办法，只好卖牛去交税，没柴烧，只有拆屋来煮饭。考虑不了那么多，救眼前急还不知行不行，哪里想得到明年还会不会有饥荒。官家眼下要的是钱而不是米，说是要用钱亲近那西北边的羌人。都说满朝里都是姓龚、姓黄的好官吏，到头来我们百姓反倒更遭罪。无路可走，活不下去，受不了这个苦，想来想去不如跳河死了，做个河神妇。

黎民百姓在被扭曲了的新政里苦苦挣扎，神宗对于新政也产生了疑虑。他和王安石之间生了嫌隙，新政也逐渐废止了一些，比如“方田均税法”和“保马法”。

不过，为了增加国库收入，又实行了一种新的税法，就是让百姓申报自己的财产，然后按照登记的财产交税。有多少房产、地亩，有多少头牛，有多少只鸡，有多少头猪，都得登记。这样一来，先不说瞒报不瞒报，家里来了客人，想杀鸡都不敢——杀了鸡，册子上还登记着，还得按照它来交税。结果，百姓想方设法地瞒报，官府就把他们一个个逮进监狱。

事实上，就算没有这些不通情理的法规，在杭州这个名义上的富庶之地，百姓的日子仍旧过不下去。

杭州管辖的范围，一半是山岭地，一半是低洼地。如果不下雨，山岭地闹旱灾；如果下大雨，低洼地闹水灾。旱灾一起，蝗灾肯定跟着就来了。好不容易暴雨来了，蝗虫给冲走了，可是，低洼地的庄稼都给淹了。更哪堪又实行这样的新政呢！所以苏轼不能忍了。他生命不息，上书不止。

别的大臣反对新政，也许有一部分原因是因为觉得损害了自己这高高在上的官员和士大夫的尊严和利益，但是苏轼绝对是完完全全的公心之举。

苏辙一向和哥哥书信往来密切，自然知道哥哥在心疼着什么，愤怒着什么，更何况他自己也是忧国忧民的性子呢，所以他也生命不息，上书不止。

不止这对兄弟，别的官员也在不停地上书，反对新政之声如浪涛拍岸，哗然不止。其中以“青苗法”的反对呼声最高，所以皇帝想着干脆废掉它。

王安石不同意，撂挑子回家了。

数载过去，王安石已经是朝堂中枢的十分稳固和至关重要的决策人，他的离开导致朝政一时之间无法正常运转。实在没办法，就连反对派的大臣都主张把他请回来，继续主持大局。

于是王安石又回来了。

朝堂大事，苏轼左右不了，就连他当二把手的治下杭州，他也无可奈何，深觉无力。

一万七千名囚犯，有的是还不起债，有的是卖了点私盐。

这一万多名囚犯的背后，是一万多个枝动叶摇的家庭。

苏轼对于民生的了解愈深，他原本热烈的生命底色日后也愈增寒凉。

苏轼任满，要调离杭州。

苏辙当时在济南做掌书记，于是苏轼向朝廷请调山东的东州。

朝廷给他打了个折，让他去山东密州当一把手。

于是，苏通判变成了苏太守。

密州包括如今的胶州和青岛等地，气候和风光很好，但是当时还是比较荒凉的，比不上杭州富庶冲要。

苏轼带上妻子、孩子和十二岁的小丫鬟朝云等人启程。

沁园春·孤馆灯青

孤馆灯青，野店鸡号，旅枕梦残。渐月华收练，晨霜耿耿，云山摛锦，朝露漙漙。世路无穷，劳生有限，似此区区长鲜欢。微吟罢，凭征鞍无语，往事千端。

当时共客长安。似二陆初来俱少年。有笔头千字，胸中万卷，致君尧舜，此事何难。用舍由时，行藏在我，袖手何妨闲处看。身长健，但优游卒岁，且斗樽前。

馆舍孤零灯火青，乡村野店鸡打鸣，行旅之中枕残梦。天色渐明，月色渐隐，晨霜分明。山上白云映日如裁锦，朝露点点圆融。世路走不尽，人生太短暂，像这样的日子很少欢欣。

低低吟叹毕，靠着征鞍无话语，想起来纷扰往事。

当时我们一起客居长安，像陆机和陆云刚到京城时，还是少年。我们文思泉涌，我们诗书俱通，我们想着辅佐圣明天子，这样的事又有何难。只是我们能不能得到重用，要由时势决定，不过我们出世入世都需要自己权衡。不妨袖起手来，悠悠闲闲。只愿身体常健，只想樽前斗酒，悠游终年。

这不是少年词风。此时，苏轼丧母丧妻丧父，人生初尝凄凉况味；又官场浮沉调迁，兼之看多了多艰民生，词为心声，已经有了沉静忧郁的调门。

到了密州，可知是一脚踏进苦日子。此地贫困，苏轼有时想饱饱地吃顿饭都是难事，甚至约了别的官员，去人家的废园里挖野菜。吃饱了野菜，又摸着肚皮自嘲。

这是他在《后杞菊赋》的序言里亲自叫出来的苦：

……予仕宦十有九年，家日益贫。衣食之奉，殆不如昔者。及移守胶西，意且一饱。而斋厨索然，不堪其忧。日与通守刘君廷式循古城废圃求杞菊食之。扪腹而笑。

苏轼毕竟当官，百姓们是真穷。

此时吕惠卿掌权，想方设法要把百姓压榨干净。百姓被他创立的新所得税法折磨得死去活来，活活饿死者比比皆是。苏太守一边绕城收埋路倒尸，一边在心里哀痛。他在城墙根挖野菜时，看见人家抛弃的小婴儿，心疼地抱回家去养。又下令州府的官员像拾野菜一样，到野外去拾弃婴。短短数日，州府中收养了近 40 名弃婴。苏轼把这些孩子分别安排到各家抚养，政府按月发抚养费。

人间几成炼狱，苍生确实值得忧叹。

苏轼初到密州，正值大旱蝗灾，百姓流离受饿。苏轼又灭蝗，又拾弃婴，又挖野菜度饥荒，回家后，又赶上孩子淘气，他心里毛躁，乱发脾气。王闰之说他：“孩子傻，你更傻。这时候还不找点乐子让自己好过，瞎愁什么呢。”她亲自洗了酒杯，请丈夫小酌两杯，解解愁怨。苏轼心里感动，觉得妻子体贴，自己相比刘伶，实在幸运：

小儿

小儿不识愁，起坐牵我衣。
我欲嗔小儿，老妻劝儿痴。
儿痴君更甚，不乐愁何为？
还坐愧此言，洗盏当我前。
大胜刘伶妇，区区为酒钱。

哪怕诸事挂心头，苏轼对于生命和万物总是有着很深的理解和感悟。

西斋

西斋深且明，中有六尺床。病夫朝睡足，危坐觉日长。
昏昏既非醉，踽踽亦非狂。褰衣竹风下，穆然濯微凉。
起行西园中，草木含幽香。榴花开一枝，桑枣沃以光。
鸣鸠得美荫，困立忘飞翔。黄鸟亦自喜，新音变圆吭。
杖藜观物化，亦以观我生。万物各得时，我生日皇皇。

他大白天睡了一觉，然后懵懵地坐起来，又没有喝酒，为什么还昏昏的呢？起来走走吧，也没人陪，他自个儿踽踽独行。行走于竹林，空气微凉，草木幽香。时值五月，居然开了一枝火红的石榴花，而桑树和枣树的叶片上也都闪耀着太阳的光。

斑鸠在叶间啼鸣，都忘了要振翅飞一飞，黄鸟也在这么好的荫凉里待得很高兴，张嘴试试音儿吧，却越叫越圆润高亢。我啊，随手拄一根拐棍，默然立在树荫下，看着这天地万物运转，好像也能观照我这自身生命。天生万物，都各得其时，连我也是一样。

诗、酒、情、和尚、美人、忧国忧民，这一条条丝线，抻拽着苏轼，贯穿他一生。

苏轼被现实生活压抑得狠了，生命的能量释放起来就惊人：

江城子·密州出猎

老夫聊发少年狂，左牵黄，右擎苍，锦帽貂裘，千骑卷平冈。为报倾城随太守，亲射虎，看孙郎。

酒酣胸胆尚开张，鬓微霜，又何妨？持节云中，何日遣冯唐？会挽雕弓如满月，西北望，射天狼。

啊，且让老夫好好地抒发少年时期的狂傲之气吧！看我左手牵着黄犬，右手擎举苍鹰。将士们头戴锦帽，身披貂裘，随着我浩浩荡荡，千骑席卷平冈。来吧，给我通知全城百姓，都随我出城！我要亲自射杀老虎，像当年碧眼紫髯的孙郎。

酒喝痛快了，胸胆贲然开张，就算我已经霜染微鬓，那又何妨？朝廷什么时候才能派使节来让我身担重任？我一定会把雕弓拉得满满当当，眼望西北，射穿天上星星中那颗代表西夏的天狼星。

豪放派大词人，一举封神。

当时北宋有西夏和辽两个强敌，皇帝为了和平，给人割地赔款。刚给辽国割让了河东宋地八百里，西夏又夺走了钦州和廉州。

宋朝的版图，并不是我们现在这只啼鸣东方的大公鸡，而是一块肥美的鸡胸肉。

面对这种强敌侵扰的情况，最管用的办法就是打！狠狠地打！打得敌人不敢南下而牧马。

问题是，宋朝打不起。文强武弱，军官轮替，将不识兵，兵不识将。而且，将官只能当二把手，军事上的一把手由文官担任。文官既不懂打仗，又厌恶打仗。将帅不能齐心，兵将不能齐心。

这样的时政和积弊苏轼明白，但是无所措手。自己家的日子难过，自己治下的百姓日子难过，整个国家身陷困局。就是在这种情况下，苏轼心中焦虑忧郁，梦中也不自在，结果就梦见了王弗：

江城子·乙卯正月二十日夜记梦

十年生死两茫茫，不思量，自难忘。千里孤坟，无处话凄凉。纵使相逢应不识，尘满面，鬓如霜。

夜来幽梦忽还乡，小轩窗，正梳妆。相顾无言，惟有泪千行。料得年年肠断处，明月夜，短松冈。

你我夫妻诀别已经整整十年，强忍着不去思念，可终究难忘怀。孤坟远在千里之外，没有地方能诉说心中的悲伤和凄凉。即使你我夫妻相逢，恐怕也认不出我来了，因为我四处奔波，早已是灰尘满面、两鬓如霜。

昨夜在梦中又回到了家乡，看见你正在小窗前对镜梳妆。你我二人默默相对无言，只有泪落千行。料想那明月照耀、长着小松树的坟山，就是我年年痛欲断肠的地方了吧。

幸亏现在的妻子王闰之不大识字，所以不知道他写的是什么，要不然她心里也不会好受吧。

斯人已逝，活在世上的最亲最近的人，是他的弟弟，所以，八月十五月明之夜，他也给弟弟作词一首：

水调歌头·明月几时有

丙辰中秋，欢饮达旦，大醉，作此篇，兼怀子由。

明月几时有？把酒问青天。不知天上宫阙，今夕是何年。我欲乘风归去，又恐琼楼玉宇，高处不胜寒。起舞弄清影，何似在人间。

转朱阁，低绮户，照无眠。不应有恨，何事长向别时圆？人有悲欢离合，月有阴晴圆缺，此事古难全。但愿人长久，千里共婵娟。

此时的苏轼已经明白了，人生一世总要经历悲欢离合，月亮挂在天上，也会有阴时不见晴时见，此时圆了彼时缺的圆满与遗憾。

既然不能在一处举头望明月，那便都好好活着，你在你那里赏月，我在我这里赏月，虽是相隔千里，但赏的总算是同一个月亮，聊作安慰吧。

这个太守，既豪迈，又深情。

第二节 徐州抗灾

人的心情就像弹簧，压得狠了，就会有反弹。渐渐的，苏轼愁习惯了，看开了，超然了，然后他就建了一个超然台。

熙宁九年暮春，苏轼登超然台，作《望江南》：

春未老，风细柳斜斜。试上超然台上看，半壕春水一城花。烟雨暗千家。

寒食后，酒醒却咨嗟。休对故人思故国，且将新火试新茶。诗酒趁年华。

这个时候，他的心情是轻松的。在国事方面，继王安石彻底退休之后，吕惠卿也倒台了。这让他大松一口气。

熙宁九年年底，苏轼任期未满，被调任山西省河中府太守。

苏轼要进京述职，沿途经过济南，去看望弟弟，苏辙却早已经带着奏表入京了。

苏轼在弟弟家待了一个月，然后带着两家人一同启程。将到京城，苏辙接到了他，告诉他命令改了，让他改任徐州太守。

改任就改任吧，结果兄弟俩到了陈桥门，守门官却不放苏轼进城。到底是什么原因，不得而知。也许是因为执政者仍旧是新党，所以不愿意让苏轼面圣，或者不愿意让苏轼进京给他们添堵。于是，苏轼和苏辙住到东城的范镇家去了。范镇是苏轼哥儿俩的长辈，和苏洵交好，两家算是世交，而且都是旧党一派，又都是恺悌君子，所以他们两家人就不客气地住下了。不光住下了，还借人家的地方，给苏轼十八岁的长子苏迈完婚。把这件大事办完，苏轼才带着家小到徐州上任。

苏辙也改任商丘通判。他把家小带到商丘安顿好，然后陪着哥哥同到徐州住了三个月。

这三个月，可把苏辙为难坏了，眼见哥哥就是个惹祸的体质、招灾的根苗，成天口无遮拦，他劝哥哥说话要谨慎，苏轼却反驳弟弟：饭中有蝇，仍须吐出。

徐州自古就是南北重镇，苏轼主政徐州的那两年，又正逢徐州的多事之秋。

公元 1077 年秋，黄河决口，水困徐州。“彭门城下，水二丈八尺”，苏轼喊出口号：“吾在是，水决不能败城！”

于是，他亲自扛着锨，穿短衣，脚底下蹬着草鞋，在城墙上边支帐篷，吃在此，睡在此，带着百姓兵丁防洪抗洪，过家门而不入。

洪水围城四十五天，终于退去的时候，苏轼后怕得不行："入城相对如梦寐，我亦仅免为鱼鼋。"——能够入城相对，真如做梦，我差一点就落到水里变成鱼鼋。

抗灾结束，苏轼忧心忡忡：徐州距离黄河故道如此之近，说不定什么时候黄河水滚滚滔滔，又冲杀过来，所以，要修城墙，修更牢固的城墙。

他向朝廷呈表要钱，请朝廷拨款。

朝廷不理他。朝廷都穷到把主意打到百姓的头上，哪有余钱？而且苏轼还"狮子大开口"，居然要修石城墙！

苏轼继续呈表，这次改了口风，不修石城墙了，用木材加固城墙，这样花销就少多了。

皇帝高兴了，觉得苏轼在给自己省钱，于是拨下铜钱三万贯、米粮一千八百石，派工役七千二百名。就这样，建起了一个木坝。皇帝还颁了一道嘉许他的圣旨："亲率官吏，驱督兵夫，救护城壁。一城生齿，并仓库庐舍，得免漂没之苦。"

苏轼在新建的外围城墙上建了一座百尺楼，名曰黄楼。他在徐州所作诗歌的总集就名为《黄楼集》。

神宗元丰元年（公元 1078 年）九月初九重阳节，黄楼落成典礼，徐州阖城百姓都来参加，熙熙攘攘，共襄盛举。苏轼提笔作诗：

九日黄楼作

去年重阳不可说，南城夜半千沤发。水穿城下作雷鸣，泥满城头飞雨滑。

黄花白酒无人问，日暮归来洗靴袜。岂知还复有今年，把盏对花容一呷。

莫嫌酒薄红粉陋，终胜泥中事锹锸。黄楼新成壁未干，清河已落霜初杀。

朝来白露如细雨，南山不见千寻刹。楼前便作海茫茫，楼下空闻橹鸦轧。

薄寒中人老可畏，热酒浇肠气先压。烟消日出见渔村，远水鳞鳞山齾齾。

诗人猛士杂龙虎，楚舞吴歌乱鹅鸭。一杯相属君勿辞，此境何殊泛清霅。

去年重阳的事情真是说不得，南城夜半发了大水。水穿过城下如同雷鸣滚滚，湿泥满城头如同飞雨下滑。

重阳节的黄花来不及赏，白酒没心情喝，一心抗洪，什么都顾不上，日落天晚回来先洗湿泥浸透的靴袜。那时候怎么会想到还有今年如此光景，能够端起酒杯，对着黄花，容我美滋滋地喝一口。

不要嫌弃酒味太薄，红粉粗陋，到底比在泥中拿着锹锸抗洪要美得多。黄楼新建成，墙壁未干透，河水变清，水位下降，白霜初初肃杀。

早晨有白露如同细雨点点，南山看不见千寻禅刹。楼前一片海水茫茫，楼下只听见樯橹轧轧。

清幕薄寒之中，人已经怕老，热酒入肠，志气先被压下。烟雾消散，日轮东升，可见片片渔村，远水如同鱼鳞片片，山势参差槎枒。

诗人和猛士相杂处，如同龙与虎，楚人的舞和吴人的歌搅乱一团，如同鹅鸭。一杯酒请君饮，君莫推辞，此等境况和泛舟清碧的霅溪又有何异。

这次抗洪的经历太刻骨铭心，苏轼除了作诗，又作文以记之。他的文章被刻在石碑上。

后来他被贬黜，凡是有着他的名字的石碑都要砸掉。当时的徐州太守悄悄保下了这块石碑，把它投进护城河。

等政治环境宽松一点，连皇家都开始搜集苏轼的墨迹手稿的时候，当时的徐州太守想起来还有这回事，于是把这块碑从河里捞起来，拓了好些碑文，然后把石碑砸掉，理由是禁令尚在，此碑不得不除。至于拓本，留着卖钱。

公元 1078 年春，徐州又遭遇了特大旱灾。

苏轼去石潭为民祈雨，特撰一首《徐州祈雨青词》：

河失故道，遗患及于东方；徐居下流，受害甲与他郡。田庐漂荡，父子流离饥寒顿仆与沟坑。盗贼充盈于犴狱，人穷计迫，理极词危。望二麦之一登，救饥民于垂死。而天未悔祸，岁仍大荒。水未落而旱已成，冬无雪而春不雨，烟尘蓬勃，草木焦枯。今者麦已过期，获不偿种；禾未入土，忧及明年。臣等恭循旧章，并走群望。意水旱之有数，非鬼神之得专。是用稽首告哀，吁天请命。若其赋政多辟，以谪见于阴阳；事神不恭，以获戾于上下，臣实有罪，罚其敢辞。小民无知，大命近止。愿下雷霆之诏，分敕山川之神。朝阶齐寸云，暮洽千里。使岁得中熟，则民犹小康。乃者至冬徂春雨雪不至，细民之所持以为生者麦禾而已，今旬不雨即为凶岁，民食不继盗贼且起。岂惟守土之臣所任以为忧，亦非神之所当安坐也熟视也？圣天子在上，凡所以怀柔之礼，莫不备至。下至愚夫小民奔走畏事者，亦岂有他哉，凡皆以为今日也！神其盍亦鉴之，上以不负圣天子之意，下以无失愚夫小民之望。

意思就是摆困难、讲道理，软硬兼施：

老百姓就靠种点庄稼为生，却从冬到春不降雨雪。如果还不降雨，今年的灾情就会很严重！倘若今后百姓们无粮充饥，无疑会盗贼四起。

作为地方官能不为百姓之苦忧虑吗？面对百姓之苦难，神又怎能熟视无睹？

皇帝担忧百姓之疾苦，认真安排备礼求雨，百姓更把今日求雨作为最大的期盼。神应该有所了解，还请上不要辜负皇帝关怀百姓之心，下不要使百姓失望！

面前摆着香烛，神坛上坐着龙王，苏轼手捧祭表，大声诵读，身后的百姓跪拜。

自从上年发过大水，就柴薪奇缺。眼看冬天要到了，百姓烧不上柴，做不上饭，取不了暖。

苏轼到处去考察、勘探，派人四处寻找石炭。

他派出去的人终于在白土镇孤山勘探到了石炭，这下子，百姓烧饭取暖的大问题解决了。苏轼很高兴，写下《石炭并引》：

彭城旧无石炭。元丰元年十二月，始遣人访获于州之西南白土镇之北。以冶铁作兵，犀利胜常云。

君不见，前年雨雪行人断，城中居民风裂骭。

湿薪半束抱衾裯，日暮敲门无处换。

岂料山中有遗宝，磊落如磬万车炭。

流膏迸液无人知，阵阵腥风自吹散。

根苗一发浩无际，万人鼓舞千人看。

投泥泼水愈光明，烁玉流金见精悍。

南山栗林渐可息，北山顽矿何劳锻。

为君铸作百炼刀，要斩长鲸为万段。

字字句句都透露着开心和兴奋，竟然要为君铸作百炼刀，要斩长鲸为万段。这是他作为一州长官的责任感。

他从杭州来，杭州监狱里关满犯人。他到徐州去，徐州监狱里也关满犯人。

犯人是一样的犯人，待遇是一样的待遇，除了不可以打死，可以冻死、饿死、热死、病死、累死。

苏轼上书痛陈新法弊端，又派郎中给犯人治病，又严禁狱卒凌虐犯人。

当时军政废弛，士兵们喝大酒、赌钱，苏轼严令不许赌博、加强训练。

按照政府规定，宋朝凡是低级军士因公出差，官家不发差旅费，逼得官兵到处哄抢百姓，逼良为盗。于是他从头做起，地方政府每年节省下一些钱，用以支付这些军士的差旅费。

第三节　文坛盟主

苏轼很能苦中作乐，忙里偷闲。

他和诗僧参寥，也就是道潜的关系越来越好了。道潜大和尚号参寥子，钱塘人，中国历史上有名的诗僧。

宋人笔记《冷斋夜话》载：

东吴僧道潜，有标致，尝自姑苏归湖上，经临平，作诗云：'风蒲猎猎弄轻柔，欲立蜻蜓不自由。五月临平山下路，藕花无数满汀洲'，坡一见如旧，及坡移守东徐，潜往访之，馆于逍遥堂，士大夫争欲识面。

参寥从余杭到徐州来拜望苏轼时，苏轼安排老友于逍遥堂休息，他自己还在官邸宴会宾朋同僚。

他趁酒兴遣官妓马盼盼持纸笔去参寥住处求诗，参寥一挥而就：

寄语巫山窈窕娘，好叫魂梦恼襄王。
禅心已作沾泥絮，不逐东风上下狂。

意思是，自己的禅心就像沾了泥的柳絮，已经不再随着春风上下狂舞。

苏轼见之大喜："我尝见柳絮落泥中，私谓可以入诗，偶未收拾，遂为此老所先。""此老"是尊称，其实道潜比苏轼还小几岁。后来苏轼被贬黄州，他不远千里前去看望，一住就是一年多。再后来，苏轼被贬去海南，他也要跟去，被苏轼劝止。

苏轼和徐州名妓马盼盼来往颇多。马盼盼喜爱苏轼的书法，着意模仿，可以乱真。《墨庄漫谈》载：

徐州有营妓马盼者，甚慧丽。东坡守徐日，甚喜之。盼能学公书，得其仿佛。公尝书《黄楼赋》未毕，盼窃效公书“山川开合”四字。公见之大笑，略为润色，不复易之。今碑中四字，盼之书也。

这段话是说，苏轼曾经写《黄楼赋》，没有写完，马盼盼偷偷仿着他的字写了“山川开合”四字。苏轼见之大笑，稍微润色了一下，就不再更换重写。如今碑中这四个字，仍是马盼盼的笔迹。

苏轼改任湖州知州，要离开徐州的时候，特地写了两首词：

江城子・别徐州

天涯流落思无穷。既相逢，却匆匆。携手佳人，和泪折残红。为问东风余几许？春纵在，与谁同？

隋堤三月水溶溶。背归鸿，去吴中。回首彭城，清泗与淮通。欲寄相思千点泪，流不到，楚江东。

减字木兰花·彭门留别

玉觞无味，中有佳人千点泪。学道忘忧，一念还成不自由。如今未见，归去东园花似霰。一语相开，匹似当初本不来。

据说，就是写给马盼盼的。

《诚斋诗话》载，苏轼路过润州，太守宴请，召来歌妓相陪。宴毕品茗，诸妓唱起黄庭坚《茶词》，云“一杯春草解留连佳客。”苏轼曰：“原来是留我吃草。”

这些歌妓嘻嘻哈哈的，笑得把椅子弄翻了，苏轼摔到了地上。

苏轼为什么这么高兴？因为他在政事上越来越顺，同时，这年八月十二，他得了一个大胖孙子，当了爷爷。

八月十五中秋月圆，他的诗兴越发遏止不住：

中秋见月和子由

明月未出群山高，瑞光千丈生白毫。一杯未尽银阙涌，乱云脱坏如崩涛。

谁为天公洗眸子，应费明河千斛水。遂令冷看世间人，照我湛然心不起。

西南火星如弹丸，角尾奕奕苍龙蟠。今宵注眼看不见，更许萤火争清寒。

何人舣舟临古汴，千灯夜作鱼龙变。曲折无心逐浪花，低昂赴节随歌板。

青荧灭没转山前，浪飐风回岂复坚。明月易低人易散，归来呼酒更重看。

堂前月色愈清好，咽咽寒螿鸣露草。卷帘推户寂无人，窗下咿哑惟楚老。

南都从事莫羞贫，对月题诗有几人。明朝人事随日出，恍然一梦瑶台客。

现在，他是实打实的文坛盟主了。

早在熙宁五年（公元 1072 年），欧阳修退隐后不久就去世了。

欧阳修光风霁月，在世时就说要让苏轼一个地步，使苏轼出人头地。如今，苏轼是真的出人头地了。有名的“苏门四学士”——黄庭坚、秦观、晁补之、张耒，如今都来到他的门下。

宋人曾敏行的《独醒杂志》中记载了这样一则故事——“东坡曰：‘鲁直（黄庭坚的字）近字虽清劲，而笔势有时太瘦，几如树梢挂蛇。’山谷曰：‘公之字固不敢轻论，然间觉褊浅，亦甚似石压蛤蟆。’二公大笑，以为深中其病。”

意思是苏轼评价黄庭坚的字像是树梢挂蛇，黄庭坚反击说苏轼的字像是石压蛤蟆，两个人相对大笑。

宋人赵令畤的笔记《侯鲭录》中也有关于黄庭坚和苏轼的记载，讲的是一个叫韩宗儒的人，生性饕餮，喜欢吃羊肉，每次得了有东坡笔迹的便条，便拿到殿帅姚麟许那儿换十几斤羊肉。这事让黄庭坚捅破了，调侃说："昔时有晋人王羲之以字换鹅，称'换鹅书'，如今先生的字可以叫作'换羊书'了！"苏轼大笑。

结果有一天，苏轼在翰林院，奉旨撰写文稿，忙得不可开交。韩宗儒大约是馋肉了，一天写了好几封书简，想要苏轼给他一个回函，而且大约是馋肉馋得急，派人在阶下一个劲地催。苏轼笑着说："告诉他，本官今天断屠！"

秦观拜访苏轼时，当面说："生不愿封万户侯，但愿一识苏徐州。"又夸赞苏夫子："不将俗物碍天真，北斗以南能几人？"

黄庭坚则在诗里自比深谷小草，把苏轼比作崖上青松。

苏轼奖掖后进也不遗余力，他赞黄庭坚的诗好："数百年来未之见也。"他骄傲地说："如黄庭坚鲁直、晁补之无咎、秦观太虚、张耒文潜之流，皆世未之知，而轼独先知。"

《诚斋诗话》里有一个故事，讲的是苏轼在徐州当长官的时候，李定的儿子来拜访，苏轼就按照正常待客的规格招待他，给他举行酒宴。

结果这家伙酒上头了，请苏轼给自己写一幅字，苏轼嗯嗯啊啊地虚应着，就是不动笔。

两个人聊着聊着，苏轼忽然问李定之子：“相法上说脸上的人中长一寸的，能活百年。有没有这个说法？”

李某说：“没听说过。”

苏轼笑了：“如果都像那样的话，那活了八百岁的彭祖，得长什么样啊！”

李某大惭而退。

这个故事里的意思耐人寻味。

李定溜须拍马，人品不佳，风评不好，官声不振。苏轼和他本就政见不同，对于李定的儿子，官面上的虚应礼节不得不做一下，但是写字给他，这样的事做着不甘心，忍不住出言讥刺，笑他马不知脸长。

李某回过神来，汲遍三江五湖水，难洗今朝一面羞。李定也就被狠狠地得罪了。

将来害苏轼的人，自然是有李定的。

还有一个人也害苏轼，这个人就是沈括，即《梦溪笔谈》的作者。两个人都在馆阁任过职，既是同事，又是朋友。

当初苏轼因上表得罪新党而外放杭州通判，沈括奉旨察访两浙，神宗还特地让他善待苏轼。他到了杭州，苏轼待他也十分热情。

没想到的是，他求了苏轼近作的手卷，拿回来后，居然详详细细地把苏轼的一些诗句做出注释，说这些诗句其实都是讪谤和怨怼朝廷的！

关键是苏轼知道沈括这么干了，还给沈括寄诗呢——苏轼不觉得这是事，别人也不觉得这是事。听说沈括曲解他的诗，还要向皇上禀告，还跟沈括开玩笑："这下子可不愁皇上看不见我的诗了。"

要是苏轼和别人知道清朝有文字狱，估计就不会这么大胆了。说到底，吃了见识少、没有意识到会因为文字而获罪的亏。

第四节　死里逃生

神宗元丰二年（公元 1079 年），苏轼调任湖州太守。按惯例要上谢恩奏章，苏轼于奏章上写道："伏念臣性资顽鄙……知其愚不适时，难以追陪新进；察其老不生事，或能收养小民。"

苏轼其实是在自谦：感谢朝廷念在臣性情资质顽劣、鄙陋……知道他愚蠢、不能适应时代，难以追随新进官员。体察到他已经老了，难有建树，或许还能管管小老百姓。

"新进"，自然指的是当朝的改革派、新党。当时，新党在朝的当权派是李定和舒亶。

这样的谢恩表一上，苏轼就被弹劾，说他蔑视朝廷。

这也就罢了，偏偏沈括落井下石。苏轼给他的诗里有这么一句："根到九泉无曲处，世间惟有蛰龙知。"被沈括解读成皇帝是天上龙，苏轼大胆，要向九泉之下寻找蛰龙，他是想要用蛰龙来杀死天上龙并取而代之。综上所述，苏轼想造反。

舒亶喜出望外：我怎么就没想到苏轼这是想造反呢？好，其心可诛！他便开始顺着这条线找罪证。

罪证这个东西，只要想找，总是会有的，更何况苏轼的诗文遍天下呢。

于是，苏轼的诗"东海若知明主意，应教斥卤变桑田"，被指为苏轼是在指责兴修水利这项措施是错的。"赢得儿童语音好，一年强半在城中"，被指为苏轼其实是在讽刺青苗法。"岂是闻韶忘解味，迩来三月食无盐"，被指为苏轼是在讽刺官卖盐的制度……

李定为御史中丞，呈表要求将苏轼斩首。

苏轼要么和长子苏迈在山林里漫步，要么带着弟弟家的姑爷等一群人到处游玩。他并不知道一场针对他的风暴正头角峥嵘、席卷而来。

神宗并不相信苏轼会有异心，想召苏轼来问问话。结果新党一听：拿苏轼！

驸马王诜是苏轼的好友。他得了凶信，马上派人通知了苏辙。

苏辙一听，如坠冰窟，立刻派人急急地去告知哥哥。

御史台派出的皇甫遵有一点事情，路上耽搁了，晚到了一些，竟是让苏辙的使者先到。

苏轼一听，懵了。

我是谁？我在哪？我做了什么？为什么要拿我？

苏轼安排好湖州的祖通判代行职务，然后静待朝廷使者。

据祖通判所言，朝廷官差抵达之时，整个太守官衙慌作一团，苏轼吓得躲在内堂，不敢出来，是他劝苏轼出来的。可是苏轼完全晕了，他不知道自己到底是穿囚衣出来，还是穿官服出来，又是他建议苏轼穿官服，因为苏轼此时仍旧是官身。

官差到了，随行士兵的包裹里似有刀剑。苏轼穿着官服出现："臣自知死罪不免，请容我与家人道别。"

官差说："没这么严重。"

祖通判要来公文一看，只是一份普通的御史台公文：免去苏轼的官位，传唤进京——可是何至于要如此杀气腾腾。

苏轼以吟诗有讥讪言事、官章疏狎（于）上，朝廷下御史台差官追取……（皇甫）僎径入州廨，具靴袍，秉笏立庭下，二台卒夹侍，白巾青巾，顾盼狞恶，人心汹汹不可测……吏顷刻之间，拉一太守如驱鸡犬。

苏轼回到家，家里人得了信，早已哭成一团。

据说，苏轼笑着说了一个故事：宋真宗时代，皇帝访求大儒，有人推荐杨朴。杨朴虽然不愿做官，也不得不去京师觐见皇帝。

皇帝问："我听说你会作诗？"

杨朴答："臣不会。"

皇帝又问："朋友们给你送行，有没有赠诗给你？"

杨朴答："只有拙荆作了一首。"然后，他奉命念了出来：

更休落魄耽杯酒，且莫猖狂爱咏诗。

今日捉将官里去，这回断送老头皮。

苏轼想，此一去，自己怕是也要"断送老头皮"。

太守被捕，百姓沿路塞途，一边观看，一边落泪。他是个好官，也是个好人。

苏迈陪苏轼一同进京，行到半路，苏轼想跳江自杀。

苏轼的家人也随后跟去，所乘的船行经安徽宿县，御史台派出的人严加盘查，兵士如匪，到处搜求苏轼手迹，吓得孩子哭、大人叫。

这些人好不容易走了，妻子王闰之一边哭一边骂："写什么劳什子诗，这下子惹出来这泼天的祸事！"一边骂一边把他的诗作丢进火盆，不知道有多少尚未来得及问世的文字，可怜都化成了灰。

接下来是给苏轼查案的底账，监察御史里行何大正札子：

臣伏见祠部员外郎直史馆知湖州苏轼谢上表，其中有言："愚不识时，难以追陪新进；老不生事，或能牧养小民。"愚弄朝廷，妄自尊大，宣传中外，孰不叹惊！夫小人为邪，治世所不能免；大明旁烛，则其类自消。固未有如轼为恶不见悛，怙终自若，谤讪讥骂，无所不为。道路之人，则以为一有水旱之灾，盗贼之变，轼必倡言，归咎新法，喜动颜色，惟恐不甚。今更明上章疏，肆为诋诮，无所忌惮矣。夫出而事主，所怀如此，世之大恶，何以复加！……

监察御史里行舒亶札子：

臣伏见知湖州苏轼，近谢上表，有讥切时事之言。流俗翕然，争相传诵；忠义之士，无不愤惋。且陛下自新美法度以来，异论之人，固不为少。然其大，不过文乱事实，造作诡说，以为摇夺沮坏之计；其次，又不过腹非背毁，行察坐伺，以幸天下之无成功而已。至于包藏祸心，怨望其上，讪渎谩骂而无复人臣之节者，未有如轼也。盖陛下发钱以本业贫民，则曰，"赢得儿童语音好，一年强半在城中"；陛下明法以课试郡吏，则曰，"读书万卷不读律，致君尧舜知无术"；陛下兴水利，则曰，"东海若知明主意，应教斥卤变桑田"；陛下谨盐禁，则曰，"岂是闻韶解忘味，迩来三月食无盐。"其他触物即事，应口所言，无一不以讥谤为主。小则镂板，大则刻石，传播中外，自以为能……

国子博士李宜之状：

昨任提举淮东常平，过宿州灵壁镇，有本镇居止张硕秀才，称苏轼与本家撰《灵壁张氏园亭亭记》，内有一节，称："古之君子不必仕，不必不仕；必仕则忘其身，必不仕则忘其君。譬之饮食，适于饥饱而已。然士罕能蹈其义，赴其节。处者安于故而难出，出者狃于利而忘返。于是有违亲绝俗之讥，怀禄苟安之弊。"……宜之看详上件文字，义理不顺：言"不必仕"，是教天下之人必无进之心，以乱取士之法。又轼言"必不仕则忘其君"，是教天下之人无尊君之义，亏大忠之节。又轼称"譬之饮食，适于饥饱而已，然士罕能蹈其义，放窜殛之，盖其恶始见于天下"。

轼先腾沮毁之论，陛下稍置之不同，容其改过。轼怙终不悔，其恶已著。此一可废也。

古人教而不从，然后诛之，盖吾之所以俟之者尽，然后戮辱随焉。陛下所以俟轼者可谓尽，而傲悖之语，日闻中外。此二可废也。

轼所为文辞，虽不中理，亦足以鼓动流俗，所谓言伪而辩；当官侮慢，不循陛下之法，操心顽愎，不服陛下之化，所谓行小。知而为，与夫不知而为者异也。

轼读史传，岂不知事君有礼，讪上有诛？肆其愤心，公为诋訾，而又应制举对策，即已有厌奖更法之意，陛下修明政事，怨不用己，遂一切毁之，以为非是。此四可废也……

余秋雨在《苏东坡突围》中写道：“批评苏东坡的言论为什么会不约而同地聚合在一起呢？我想最简要的回答是他弟弟苏辙说的那句话，‘东坡何罪？独以名太高’。他太出色、太响亮，能把四周的笔墨比得十分寒伧，能把同代的文人比得有点狼狈，引起一部分人酸溜溜的嫉恨，然后你一拳我一脚地糟践，几乎是不可避免的。在这场可耻的围攻中，一些品格低劣的文人充当了急先锋。”

苏轼倒霉，他写诗以赠的人也倒霉。凡是他给谁写了诗，谁就必须把这首诗献上来，否则就是有罪。

三十九个人被牵连，一百多首诗被当作呈堂证供。当朝驸马——神宗的妹夫、都尉王诜也在被牵连之列。

苏轼给司马光赠过一首诗：

司马君实独乐园

青山在屋上，流水在屋下。中有五亩园，花竹秀而野。
花香袭杖屦，竹色侵盏斝。樽酒乐余春，棋局消长夏。
洛阳古多士，风俗犹尔雅。先生卧不出，冠盖倾洛社。
虽云与众乐，中有独乐者。才全德不形，所贵知我寡。

先生独何事，四海望陶冶。儿童诵君实，走卒知司马。
持此欲安归，造物不我舍。名声逐吾辈，此病天所赭。
抚掌笑先生，年来效喑哑。

御史台的御史们说这是讽刺新法的诗，苏轼说对，执政者不得其人，这首诗的意思就是四海苍生都希望司马光执政以陶冶天下。

这不是找死吗？

可是他不觉得自己犯了罪。有嘴还不让说话了？有笔还不让写诗了？就像“根到九泉无曲处，世间惟有蛰龙知。”我明明没有盼着天龙死，为什么你们非得说我盼着天龙死？甚至苏轼歌颂牡丹花的种类多，也被附会成是讽刺朝廷捐税多；说他的“生而盲者不识日”是讽刺参加科考的考生浅陋无知、只知道王安石在《三经新义》里对经书的注释。

苏轼在《后杞菊赋》的序言里写自己和别的官员“循古城废圃求杞菊食之。扪腹而笑”，也成了他讽刺百姓贫穷、抱怨朝廷给的官俸微薄的罪证。

一时之间，千夫所指。

苏轼懵了。

苏轼下了狱。

苏迈天天给他送饭。

苏轼和苏迈已经约好了暗号：若是情形不好，苏轼活不了，就送鱼给他。

这天，苏迈在外边跑着打官司的事，还要去借钱应付打官司的开销，就拜托一个朋友替他送饭。朋友不知苏轼父子俩的约定，好心给苏轼送了鲊鱼，差点没把苏轼吓死！于是苏轼写了两首绝命诗，托狱卒交给弟弟苏辙。

狱中示子由

序篇

予以事系御史台狱，狱吏稍见侵，自度不能堪，死狱中，不得一别子由，故作二诗授狱卒梁成，以遗子由。

其一

圣主如天万物春，小臣愚暗自亡身。百年未满先偿债，千口无归更累人。

是处青山可埋骨，他年夜雨独伤神。与君世世为兄弟，更结来生未了因。

其二

柏台霜气夜凄凄，风动琅珰月向低。梦绕云山心似鹿，魂飞汤火命如鸡。

眼中犀角真吾子，身后牛衣愧老妻。百岁神游定何处，桐乡知葬浙江西。

序篇中的“狱吏稍见侵”，只怕是苏轼写得委婉。如果只稍稍地侵害一下，怎么会“自度不能堪”，乃至于推测着自己会“死狱中”？

第一首诗的大意如下：圣明君主如同上天覆万物，使得万物都如处春天、生机盎然。唯有我这个小小的臣子因为自身愚昧阴暗，自亡其身。我活不满百年，先要偿清自身所负的债，因我一身而使得千人无家可归，连累了别人。

此处的青山可埋我一身亡骨，只是他年夜雨之下，我的弟弟你独自伤神。希望我和你能够世世都结为兄弟，一定要相约来世，仍为手足。

第二首诗的大意如下：御史台严霜冷气，夜色凄凄，风吹动了檐下铃铎，月色越发低垂。我梦中绕飞云山，心头犹似撞鹿，我在汤沸火烧中魂魄飘飞，这条命如同被宰杀的鸡。

我的孩子在我的眼中如同犀角一般珍贵，我死后家贫，对老妻实在抱愧。我死后埋葬在哪里？汉代的朱邑曾在桐乡为吏，受百姓爱戴，葬在桐乡，我希望我能葬在浙西。

“百岁神游定何处，桐乡知葬浙江西。”这句话品味起来，似有苏轼脸大之嫌，因为他把自己和受百姓爱戴的朱邑相提并论。为此，苏轼特为这句作注：“狱中闻杭湖间民为余作解厄道场者累月，故有此句。”

当年苏轼在杭州任三年通判，深得杭州人爱戴，所以他被捕入狱，杭州百姓才会为他做道场累月。世间人心不是几个人能左右的，苏轼深感安慰的是他入狱并不是因为他错了。

可是，百姓给他做道场，搞迷信活动，请求上天保佑，让他逢凶化吉，吉到底在哪里呢？

子由接信，扑在桌子上哭了。他跟着这个哥哥，可真是操碎了心！当初听说苏轼被拿问，已经吓了个半死；如今听说他真的要死了，心都碎了。

苏轼的诗被呈送给皇上，皇上读着，心里是满满的感动。苏轼没有骂过自己呀，他也没有恨过自己。

皇帝也不好当。

对于苏轼，有人想杀，有人想放。

想杀的人说，皇上，他想造您的反。

想放的人说，皇上，他没想造您的反。

听谁的？

本来有一个重量级的人物是力保苏轼的，可是在这个节骨眼上，她薨逝了。她就是仁宗一朝的曹皇后，如今神宗一朝的太皇太后。

临去世前，曹太皇太后还跟皇帝说，不要冤屈好人，苏轼之所以受审是小人和他作对。他的政绩太好，别人抓不住把柄，只好从诗入手找岔子。

——皇帝好为难。苏轼是该杀还是该放？

范镇等人拼命上书，替苏轼辩解，但是，御史台不肯罢休，因为苏轼把他们骂痛了，说他们是呱呱叫的青蛙、吱吱响的蝉、夜啼的枭鸟、带来不祥的乌鸦、愚蠢的鸡鸭，还骂他们是猴装人样，“沐猴而冠”。

苏轼在监狱里手痒痒，又想提笔作诗，可是诗句涌上心头，又强行按捺下去。都到这地步了，不作都要死，作就死得更快。

不过反复自问，自己只不过在诗里替苍生叫了屈，对皇上无一丝不臣不敬之心，也没有勾连党祸。

经历了最初心胆俱裂的恐惧之后，如今他处于一个思想的皮筋被抻得老化、疲惫的状态，反而把一颗心放进肚皮。天色已晚，吃过了饭，百无聊赖，睡觉。

这时候，牢里忽然进来一个新犯人。狱卒把狱门哐当一关、一锁，径自走了。

这个新犯人进来打量了一下这个尚算干净的牢房——苏轼受到狱卒优待，还有热水澡洗；又扫了苏轼一眼，然后他把怀里抱的一个小箱子往地上一扔，倒身就睡了。

苏轼也睡了，一会儿工夫，呼噜声就响了起来。呼噜声越来越大，这个新犯人不知道什么时候醒了，坐起来看了看他，似乎在考察苏轼是不是装睡。

他凑近了些，结果看到苏轼张着嘴巴，一连串的呼噜像鱼吐泡泡一样。这个人摇摇头躺下去，听了一夜苏轼的呼噜声。

好容易熬到四更时分，这个人推了推苏轼的头，苏轼的呼噜声停了，迷迷糊糊地问："怎么了？"

这个人说："恭喜，恭喜。"

苏轼还没清醒呢，问道："怎么了？"

这个人说："安心睡，别发愁。"

苏轼很困，继续呼呼大睡。

这个人什么时候走的他也不知道。

后来，苏轼出了监狱，才知道此人是皇帝派来的密使。皇帝拿不准苏轼到底是怎样的一个人，想杀又舍不得，不杀又怕姑息养奸，于是就派了一个太监到监狱里实地考察。

太监看到苏轼睡得香甜，打雷都吵不醒，便如实禀报皇帝。皇帝一听很欣慰，说道："我就知道苏轼于心无愧。"

再有新党一派力求杀掉苏轼的时候，皇帝就不依了。

参知政事王珪——当时的副宰相一看，急了，对皇帝说："苏轼想谋反。"证据就是苏轼的这句诗："根到九泉无曲处，世间惟有蛰龙知。"

皇帝说："诗人作诗，指不定作到哪里。他咏他的桧树，和我有什么关系？"

当时章惇在场，听不下去了，也替苏轼解释。事后，章惇还说："人害人原来真的不怕遭报应！"

后来，狱卒也悄悄地问过苏轼："你写这诗，是不是真的在讽刺皇帝？”

苏轼说：“王安石诗里不是有一句‘天下苍生待霖雨，不知龙向此中蟠’吗？我讽刺的是这里面的龙。”

其实他根本就没有讽刺什么，但是大家都说他在讽刺什么，好吧，他就给大家一个他在讽刺什么的解释吧。他被逼得开始胡言乱语了。

苏辙奏请纳还一切官位，为兄长赎罪。

公卿士大夫大部分都明哲保身，但是也有范镇等人上书救苏轼。

宰相吴允拐着弯地保苏轼，他问宋神宗：“陛下觉得魏武帝曹操是个什么样的人？”曹操是篡汉自立的，所以神宗瞧不起他，“这人有什么值得说的”。吴允说：“魏武帝曹操这么一个上不了台面的人，又好猜忌，都能容得下狂士祢衡骂他，陛下你比他英明百倍千倍，难道就容不下一个苏轼吗？”

神宗没表态。

他不好表态。

不好说不杀，如果他说不杀，那帮御史会缠得他晕头转向。

说杀？宰相吴允求放过。再说，万一杀错了，以后子子孙孙的唾沫星子是喷不到他脸上，却会喷到他的坟上。他一向“好名畏议”，怕的就是这个。

就在他左右摇摆的时候，有个人上了一本，差点把苏轼推到皇帝的鬼头刀下。

这个人是张方平。

张方平本来对一门三父子的苏洵、苏轼、苏辙有知遇和提携之恩，他又时常和苏轼有诗文往来，照理该避嫌才是，他却冒险上表，要替苏轼喊冤。

他当时在南京赋闲，奏章就先递到了南京的官府，想让南京的官府递送到中央，但是人家不敢。他又派儿子张恕亲自去送，没想到张恕犹豫又犹豫，徘徊又徘徊，没敢递上去。

得亏没递上去，否则就凭着张方平在奏本里的一句话——“其文学实天下奇才”，苏轼就可能人头落地。

人心善妒，别人已经把苏轼忌妒得入了狱，哪里受得了张方平这么夸？皇帝也受不了，显见得普天之下，只知有苏轼，而不知有他这个大宋的皇帝了。

后来苏轼出狱，见了这个奏本的副本，吓得变颜失色，直吐舌头。旁人问怎么了，他也没回答。他的意思，弟弟再明白不过了：“我哥哥有什么罪？就是因为他的名气太大了，把朝廷里的人物都给盖过去了，所以才被下了大狱，好多人盼着他死。如果再加上这么一句话，那不是更捅马蜂窝了吗？”

御史中丞李定也给苏轼下了一个评语：“苏轼奇才也。”天下的庸碌人能容奇才，因为他们不知道他是奇才，天底下格局小的所谓才子们才容不得他。

让人感动的是，王安石的弟弟王安礼竟然也替苏轼说话。

李定是苏轼诗案的主审官，一日上朝，他拦着王安石的小弟弟王安礼，警告道："苏轼反对你大哥，你可不能替他说话。"

王安礼拂袖而去，偏偏在神宗御座前为苏轼讲了很多好话："自古以来，大度的君主都不会因为别人说错话来贬谪处罚他。苏轼本来就是特别有才的人，如今一旦把他抓起来法办，恐怕后世的人都会害怕皇上不能容纳有才干的人，所以我希望陛下能够放他出来。"

王安礼这样做，是因为他的哥哥王安石先这样做了。

虽然苏轼曾经给皇帝上万言书，激烈地反对王安石，又写诗嘲骂他的新政，但是，王安石不顾现在的平民之身，给皇帝递了奏本，他在奏本上写道："岂有圣世而杀才士者乎？"

——无论王安石的变法多少毁誉参半，但他是个君子。

新宰相替他说话，旧宰相也替他说话，再加上曹太皇太后生前也替他说话。曹太皇太后在苏轼下狱这一年的冬天就病逝了，她明白自己死后，按照惯例，一定会大赦天下，所以留下一句临终嘱托："不须赦天下凶恶，但放了苏轼足矣。"

这样程度的力保，苏轼大约是不用去死了。

但是，御史台不肯。曹太皇太后死后，李定奏本，请皇帝对那些可能合乎赦罪要求的犯人一律不要赦免。

舒亶也奏本，请求将司马光、范镇、张方平、李常和苏轼的另外五个朋友全部处死。

就算苏轼不死，最好也判他个流放或者劳役，不许他再有官身。

两下里作了折中，皇帝终于下了圣谕：苏轼被贬黄州，充任团练副使，本州安置，不准擅离该州，无权签署公文。

这起因诗招祸的政治事件，历史上叫作“乌台诗案”。乌台，即御史台，因其上植柏树，终年栖息乌鸦，故称乌台。

苏轼给自己招祸，也给他人招祸。三十九个人被牵连，其中二十九人受到明令处分：

张方平、司马光和范镇都是罚红铜三十斤，其余人各罚红铜二十斤。

驸马王诜被削除一切官爵。

苏辙也降了职，调任筠州酒监。

王巩是宋真宗时期的宰相王旦的孙子，此次由潮州知府被贬到岭南。

苏轼无可奈何。

腊月尽，新春至，苏轼在狱中度过了一百四十多个日夜，如今得知自己可以不死，积习又抬起头来：

十二月二十八日，蒙恩责授检校水部员外郎、黄州团练副使，复用前韵二首

其一

百日归期恰及春，余年乐事最关身。出门便旋风吹面，走马联翩鹊啅人。

却对酒杯浑似梦，试拈诗笔已如神。此灾何必深追咎，窃禄从来岂有因。

其二

平生文字为吾累，此去声名不厌低。塞上纵归他日马，城东不斗少年鸡。

休官彭泽贫无酒，隐几维摩病有妻。堪笑睢阳老从事，为余投檄向江西。

第五章

黄州东坡

人间有味是清欢

第一节 被贬黄州

元丰三年（公元 1080 年）大年初一，别人家里放鞭炮、赏龙灯、闹新春，苏轼被贬离京城。

这年，苏轼四十三岁。

长子苏迈侍奉着他先走一步，苏辙替他照顾家人，从后边慢慢地跟上。

从河南开封到湖北黄冈，赴任的路费是借的。苏轼父子二人在正月初一出发，二月才到。一开始，他们住在定慧院，后来转移到安国寺。环境不错，有树有竹，有池有亭，吓散了的三魂七魄悠悠然又聚在一块。

白天仍旧是热闹的，黄州太守徐君猷没事便请苏轼参加饭局喝酒，不远处的鄂州朱太守也是苏轼的老友，不是请他吃饭，就是给他送酒。

可是，到了晚上，苏轼睁开一双清冷的眼睛，写下这首词：

卜算子·黄州定慧院寓居作

缺月挂疏桐，漏断人初静。谁见幽人独往来，缥缈孤鸿影。

惊起却回头，有恨无人省。拣尽寒枝不肯栖，寂寞沙洲冷。

残缺的月亮挂在疏疏的梧桐树梢头，漏尽更深，人声已经不闻。谁能看见幽居的人独来独往，就像天上的孤雁偶然留下的影踪。

猛然惊起，回过头去，心头有恨无人知情。拣尽了枯瘦的枝条，却无处栖身，宁愿在寂寞沙洲忍受寒冷。

真让人心疼。

黄庭坚替他题跋作注：“东坡道人在黄州时作。语意高妙，似非吃烟火食人语。非胸中有万卷书，笔下无一点尘俗气，孰能至此。”

黄州在长江边上，气候潮湿。苏轼之前写过一首《南歌子》：

山雨潇潇过，溪桥浏浏清。小园幽榭枕蘋汀。门外月华如水、彩舟横。

苕岸霜花尽，江湖雪阵平。两山遥指海门青。回首水云何处、觅孤城。

如今，他又填了一首《南歌子》，而且标明是“感旧”：

寸恨谁云短，绵绵岂易裁。半年眉绿未曾开。明月好风闲处、是人猜。

春雨消残冻，温风到冷灰。尊前一曲为谁哉。留取曲终一拍、待君来。

原先，他不知道自己会被人恨到唯愿自己死，所以他眼中所见的一切都是好的、清秀的、无所用心的：山雨是潇潇的，溪水是浏清的，月华是如水的，舟船是彩色的。

如今，他开始说起他的恨来了。恨是幽恨，就像他的孤独也是幽幽的孤独，不是咬牙切齿、只恨世人皆浊的孤独。他只是觉得，怎么说呢，有绵绵的幽恨，幽恨了半年，眉头也不能展开。

初到黄州

自笑平生为口忙，老来事业转荒唐。长江绕郭知鱼美，好竹连山觉笋香。

逐客不妨员外置，诗人例作水曹郎。只惭无补丝毫事，尚费官家压酒囊。

想想也挺可笑的，人家是千里做官只为财，他却是日子越过越穷，事业什么的都成了浮云。吃吃鱼、吃吃笋，挂个虚衔，反正不能给朝廷做出什么切实的贡献，所以他自觉惭愧，还得浪费官家的银子。

诗中的所谓“压酒囊”，指的是压酒滤糟的布袋。宋代的官俸一部分用实物来抵数，叫折支。这里指的就是还要浪费国家给他发的工资。

牢狱之灾不可避免地在他的心里留下印痕。他想着自己也许是命不好，那么命是怎么一回事呢？以前，他读到的那些家国天下都是纸面上的东西，如今，这些东西在现实中砸了他个蒙头转向。

其明年二月，至黄。舍馆粗定，衣食稍给，闭门却扫，收召魂魄，退伏思念，求所以自新之方，反观从来举意动作，皆不中道，非独今之所以得罪者也。欲新其一，恐失其二。触类而求之，有不可胜悔者。于是，喟然叹曰：“道不足以御气，性不足以胜习。不锄其本，而耘其末。今虽改之，后必复作，盍归诚佛僧，求一洗之？”

得城南精舍曰安国寺，有茂林修竹，陂池亭榭。间一二日辄往，焚香默坐，深自省察，则物我相忘，身心皆空，求罪垢所从生而不可得。一念清净，染污自落，表里翛然，无所附丽，私窃乐之……

大意是：

第二年二月，我到达黄州后，初步安排了一下吃住的地方，打扫一下卫生，收收一路劳累的心思，就开始闭门思过，寻找改过自新的方法。回忆以往的任职经历，觉得都跟那些权贵不是一路人，道不同啊，不是今天才得罪他们的。想改造自己的这一方面，又怕失去那一方面，各方面都思考了一下，也没什么做得不对的地方，于是大声叹息道："正道压不住邪气，个人秉性胜不了歪风，不铲其根，而只除其枝叶，现在即使改了，以后老毛病还会犯，何不皈依佛门一洗了之呢？"

探得吴兴城南边有个安国寺，树木茂盛，竹子修美，景色不错，过一两天就去烧香打坐，深深地自我反省审察，心灵达到了忘我的境界，身心全空，寻求罪过产生的原因是不可得了。心灵清净，杂念全无，感觉良好。

——这还是当初那个活得热闹的苏轼吗？怎么这么身心皆空呢？

满庭芳

蜗角虚名，蝇头微利，算来着甚干忙。事皆前定，谁弱又谁强。且趁闲身未老，须放我、些子疏狂。百年里，浑教是醉，三万六千场。

思量，能几许？忧愁风雨，一半相妨。又何须抵死，说短论长。幸对清风皓月，苔茵展、云幕高张。江南好，千钟美酒，一曲《满庭芳》。

蜗牛角上的一点虚名，苍蝇头的一点微利，算起来有什么值得人如此着忙。万事都由前生命定，分什么今生里谁弱谁强。还是趁着闲散之躯尚未老去，让我放纵疏狂一点吧。人生百年，宁愿醉上三万六千场。

细加思量，一生忧愁风雨，又何必拼命说短论长。有幸面对这清风皓月，席青苔而坐，头顶白云为幕。江南好，有千钟美酒和一曲《满庭芳》。

此时，他距离政治已经很远，心态上除了怅恨就是闲散，但是他毕竟是受贬谪的罪臣，要带着皇帝给他的任务“勿忘自新”的。那么，该怎么自新呢？

他给章惇写信。

其实是章惇先给他写信。说到底也算是曾经的朋友，所以章惇还是有些念旧情的。如今章惇是参政谏议执事，也就是副宰相，他给苏轼写信，劝他洗心革面、改过自新。

苏轼真的诚惶诚恐地回信，一再保证自己一定会洗心革面、改过自新：

平时惟子厚与子由极口见戒，反覆甚苦。而轼强狠自用，不以为然。及在囹圄中，追悔无路，谓必死矣。不意圣主宽大，复遣视息人间。若不改者，轼真非人也……与病狂之人蹈河入海者无异。方其病作，不自觉知，亦穷命所迫，似有物使。及至狂定之日，但有惭耳。而公乃疑其再犯也，岂有此理哉？……（苏轼《与章子厚参政书》）

我下狱就知道自己错了，不该不听你的话、刚愎自用。皇上对我格外开恩，饶我一命，让我继续在人间赏美色，我要是不改，还是人吗？否则和发狂的精神病、跳河的傻子有什么区别？发病的时候，什么都不知道；清醒的时候，才晓得惭愧。你怀疑我会再犯这毛病，怎么会呢？

这样，总该算是“改过自新”了吧？

第二节　东坡居士

苏轼就这么一忽儿荒凉冷落、一忽儿诚惶诚恐的时候，苏辙正带着几十口人在来黄州的路上。

苏辙是带着两家人一起上路的。他要先带自己的家眷去高安任酒监。酒监是政府设的一个小职位，或者是替政府卖酒的，或者是监督官员是否酗酒的，后世并没有定论。反正官位不高。

苏辙有七女三子。一个女儿出嫁都难，他生了七个，结果就是把日子过得“债负山积”，还又帮着哥哥打一场冤枉官司。

到了九江，苏辙安排自己的家眷暂且住下，然后带着哥哥一家人，包括嫂嫂王闰之和两个儿子、侍女朝云，顺长江一路到黄州。这一路的花销，苏轼老实不客气，自然也都是弟弟承担。

儒家的父慈子孝、兄友弟恭自有它的厚道处，若按照金钱世界的理论，儿子们侍奉老父是要讲代价的，弟弟支援哥哥也要分清楚财帛。但是苏轼和苏辙奉养苏洵心甘情愿，苏迈侍奉苏轼也心甘情愿，苏轼依赖苏辙和苏辙帮助哥哥，都是心甘情愿。

苏轼给章惇写信，大倒苦水：

黄州僻陋多雨，气象昏昏也。鱼稻薪炭颇贱，甚与穷者相宜。然某平生未尝作活计，子厚所知之。俸入所得，随手辄尽。而子由有七女，债负山积，贱累皆在渠处，未知何日到此。见寓僧舍，布衣蔬食，随僧一餐，差为简便。以此畏其到也。穷达得丧，粗了其理，但禄廪相绝，恐年载间，遂有饥寒之忧，不能不少念。然俗所谓水到渠成，至时亦必自有处置，安能预为之愁煎乎？初到，一见太守。自余杜门不出。闲居未免看书，惟佛经以遣日，不复近笔砚矣。（苏轼《与章子厚参政书》）

黄州这地方自然不如北方气候干爽，又偏僻又多雨，终日气象昏昏，着实有点不大宜居。不过此地鱼稻薪炭颇贱，适合穷人过日子。

苏轼自己没有个生财之道，薪俸一拿到手就随手花光。难道要指望弟弟吗？弟弟家里有七个闺女，日子过得比他还不如，都到了债负山积的地步。而自己的家眷还都在他那边，靠他养活，一日日的柴米开销就不在少数。家眷不来还好，苏轼可以在僧舍住着，吃的也简单，穿的也简单。一念在此，苏轼都盼着家眷别来了。

关于人生的顺逆，得到与失去，他倒是大体上有了体会，明悟出其中道理，但是这毕竟是形而上学的东西；估计一年半载的，就没钱花、没饭吃了，这可是大事，不能不让人忧虑。转念一想，车到山前必有路，现在愁也没用不是？我从一来到的时候，就拜见了太守，从此就闭门不出，闲居看看书，念念佛经，再也不作诗了。

——既叫苦，又表决心。字里行间好像透着亲近，但是亲近中又透着警惕。他对于章惇的交情，已经疏远了。这信万一要让别人，尤其是新党看去，也挑不出他的毛病。

其实他是照样喝酒，照样作诗。

虽然他一个人在黄州的时候，念及生活窘迫，想着家眷不来更好些，但是总不能让家眷飘零在外，更不能给弟弟增加生活负担。所以自己的家眷必得要自己来养活。

家眷终于到了，这样一来，一家人就不能都住在寺院里了，于是他们就被安排借住在驿亭。

那是一处临江的小破房子，住起来特别拥挤，但是出门就能看见江景：

东坡居士酒醉饭饱，倚于几上，白云左绕，青江右回，重门洞开，林峦岔入。当是时，若有思而无所思，以受万物之备。惭愧，惭愧。（苏轼《书临皋亭》）

这时候，他已经自号“东坡居士”了。

所以我们可以直接叫他东坡，而不必言必称苏轼了。

苏轼之所以自称东坡，是因为他如今确实有一个东坡。

有一个秀才叫马正卿，专程从扬州赶来看望他，吃住都在他家。这位马秀才和苏轼相交二十多年，哪怕是苏轼被下大狱，不知情的人嘲骂不止，反对他的人恨他不死，他仍旧觉得苏轼是个好人。苏轼作诗云：“可怜马生痴，至今夸我贤。”

苏轼当官的时候，马秀才觉得苏轼好；苏轼下狱的时候，他仍旧觉得苏轼好；苏轼贬官的时候，他还是觉得苏轼好；苏轼穷得都要吃不上饭了，他照样说苏轼好。

巧得很，马正卿和黄州太守徐君猷曾是同窗，所以，马正卿就替苏轼走后门，请徐太守给苏轼拨了一块闲地开荒，解决苏轼一家的吃饭问题。

这块闲地足有几十亩，在黄州城不远的东坡处，于是苏轼给这块闲地起名为“东坡”，苏轼就变成了东坡居士。

对于读书人来说，农活是天底下最难干的活计。

东坡居士拿出比对付书本难十倍、百倍的精力来对付农活，包括开荒、种地、挖鱼池、筑水坝、打水井。

干累了，歇一歇。一歇下来，他就想作诗，所以他说他不近笔墨久矣，就是专门说给章惇听的。

光这块东坡荒地，他就一口气作了八首诗：

东坡八首

余至黄州二年，日以困匮。故人马正卿哀余乏食，为于郡中请故营地数十亩，使得躬耕其中。地既久荒为茨棘瓦砾之场，而岁又大旱，垦辟之劳，筋力殆尽。释耒而叹，乃作是诗，自愍其勤。庶几来岁之入，以忘其劳焉！

其一

废垒无人顾，颓垣满蓬蒿。
谁能捐筋力，岁晚不偿劳。
独有孤旅人，天穷无所逃。
端来拾瓦砾，岁旱土不膏。
崎岖草棘中，欲刮一寸毛。
喟然释耒叹，我廪何时高？

其二

荒田虽浪莽，高庳各有适。
下隰种粳稌，东原莳枣栗。
江南有蜀士，桑果已许乞。
好竹不难栽，但恐鞭横逸。
仍须卜佳处，规以安我室。
家僮烧枯草，走报暗井出。
一饱未敢期，瓢饮已可必。

其三

自昔有微泉，来从远岭背。
穿城过聚落，流恶壮蓬艾。
去为柯氏陂，十亩鱼虾会。
岁旱泉亦竭，枯萍粘破块。
昨夜南山云，雨到一犁外。
泫然寻故渎，知我理荒荟。
泥芹有宿根，一寸嗟独在。
雪芽何时动，春鸠行可脍。

其四

种稻清明前，乐事我能数。
毛空暗春泽，针水闻好语。
分秧及初夏，渐喜风叶举。
月明看露上，一一珠垂缕。

秋来霜穗重，颠倒相撑拄。
但闻畦陇间，蚱蜢如风雨。
新春便入甑，玉粒照筐筥。
我久食官仓，红腐等泥土。
行当知此味，口腹吾已许。

其五

良农惜地力，幸此十年荒。
桑柘未及成，一麦庶可望。
投种未逾月，覆块已苍苍。
农夫告我言，勿使苗叶昌。
君欲富饼饵，要须纵牛羊。
再拜谢苦言，得饱不敢忘。

其六

种枣期可剥，种松期可斫。
事在十年外，吾计亦已悫。
十年何足道！千载如风雹。
旧闻李衡奴，此策疑可学。
我有同舍郎，官居在灊岳。
遗我三寸柑，照座光卓荦。
百栽倘可致，当及春冰渥。
想见竹篱间，青黄垂屋角。

其七

潘子久不调，沽酒江南村。
郭生本将种，卖药西市垣。
古生亦好事，恐是押牙孙。
家有一亩竹，无时容叩门。
我穷交旧绝，三子独见存。
从我于东坡，劳饷同一飧。
可怜杜拾遗，事与朱阮论。
吾师卜子夏，四海皆弟昆。

其八

马生本穷士，从我二十年。
日夜望我贵，求分买山钱。
我今反累生，借耕辍兹田。
刮毛龟背上，何时得成毡？
可怜马生痴，至今夸我贤。
众笑终不悔，施一当获千。

诗前的序是一番苦叹：我来黄州两年，日子一天天难过起来，没有饭吃。我的老朋友马正卿可怜我没饭吃，替我在郡中找了一块几十亩的荒地，让我开荒。地荒得太久了，到处长满了荆棘，是一片瓦砾场。偏偏今年又大旱，地特别硬，我开荒开得累死了。扔下手中的耒（注：农具）长叹，作了这些诗句，算是自我慰劳。只愿来年有些收入，好让我忘了今日的辛苦。

东坡干体力活干出兴趣来了，居然大冬天的给自己在荒地边上盖了一间屋，起名“雪堂”——因为当时天上落雪而雪堂四壁糊白，真像屋里也下雪一样。

盖这个雪堂可不容易，所谓“去年东坡拾瓦砾，自种黄桑三百尺。今年刈草盖雪堂，日炙风吹面如墨”。

他是读书人，就算天生的面皮黑，也不是农人常年风吹日晒那种黢黑。如今为了盖屋，风吹便吹了，日晒便晒了，人黑便黑了，本来这些就没什么值得在乎的。真正值得在乎的，是他有一个很美丽的屋子可以招待朋友了。

第三节　东坡肉

东坡广交朋友。雪堂落成，朋友们都来庆贺，东坡就把他们带来的酒都咕咚咕咚地倒进大酒坛里，起名“雪堂义樽”。

东坡就用这种杂拌儿酒招待朋友，把他们一个个喝得醉意朦胧，然后作诗的作诗，作画的作画——大画家米芾当时还是一个二十出头的年轻人，也跑去雪堂，和苏轼论画论得意兴纵横。

对，苏东坡可不光是文学家，他还是书法家、画家，但是本地人并不知道他是画家。苏轼穿着短打，踏着泥土路，脸晒得黢黑，手因为握锄头把而变得粗糙宽大。

他已经活成了一个农夫样，当然是一个有文化、有诗兴、有情怀的农夫：久旱他会心焦，落雨他就高兴。别人高兴了多吃两碗饭，他高兴了多作两首诗：

……

平生懒惰今始悔，老大劝农天所直。

沛然例赐三尺雨，造物无心怳难测。

……

奔流未已坑谷平，折苇枯荷恣漂溺。

腐儒粗粝支百年，力耕不受众目怜。

破陂漏水不耐旱，人力未至求天全。

会当作塘径千步，横断西北遮山泉。

四邻相率助举杵，人人知我囊无钱。

明年共看决渠雨，饥饱在我宁关天。

谁能伴我田间饮，醉倒惟有支头砖。

穷日子也有穷日子的过法，东坡在给朋友的信里夸耀他家门口就是大江，打水做饭和洗脸、洗澡都不用花钱，一推开门就可以看见江水风月，又没有人找他收税，也没人找他要助役钱。

这些实际的、生活化的小便宜，让他占得心满意足。

实在是太穷了，省下一文钱就像省下一锭金。一大家子在一口锅里吃饭：苏迈一家，还有苏适和苏过这两个小儿子，还有妻子和侍妾朝云——她现在已经被东坡收了房。另外，据说他还养着好几个侍妾，谓之“搽粉虞侯”。至于是这时候养的，还是原来当太守的时候养的，就不得而知了。

除了这些人，还有马正卿。还有一个同乡叫巢谷，也是一个穷书生，跑来给苏家的孩子们当家庭教师。苏轼的大舅子也在他家。苏辙的几个女婿也轮流来探望。诗僧参寥在他家住了一年多。陈季常也和他来来往往。

东坡仍旧很忙，不是跑出去找别人玩，就是别人跑来找他玩。他去人家家里，要吃人家的喝人家的；人家来找他，也得要吃他的喝他的。

这么一来，可就过日子过出经验来了，他规定：每天花销不能超过一百五十文。按照当时的物价，大约可抵我们现在数十元人民币。

这么一大家子人，就花这数十元人民币，可不是享受着不花钱的水、不花钱的清风明月，就觉得便宜占大了吗？

每个月的月初，东坡就拿出四千五百文钱，分成三十份，挂在屋梁上，一天用一份。若是哪天有节余，就存进一个大竹筒做的存钱罐里，留着招待客人。

这么算下来，苏东坡的存款还能支撑一年多。至于一年多以后，只能到时候再说了。

《东坡志林》载："东坡居士自今日以往，不过一爵一肉(就是一杯酒，一块肉)。有尊客，盛馔则三之（三倍于此），可损不可增。"

他每顿吃一块肉，肉从哪里来?

此地物产也算丰富，有橘有柿，也有芋头、羊肉——芋头煨羊肉不错，至于鱼米，这里是不缺的，一斗米才二十文，太便宜了。鱼、鳖、虾、蟹随便吃，鹿肉也便宜——可知那个年代丛林丰茂。因为有这些肉类，所以猪肉对于当地人来说就不是什么好肉。

东坡把猪肉洗净切块，扔进锅里，倒进凉水，加上调料，盖好锅盖，大火烧开，文火炖煮，煮得软烂。每顿吃一块，又香又美。

东坡肉就是他在这里发明出来的，且诉诸文字：

净洗铛，少着水，柴头罨烟焰不起。
待他自熟莫催他，火候足时他自美。
黄州好猪肉，价贱如泥土。
富者不肯吃，贫者不解煮。
早晨起来打两碗，饱得自家君莫管。

也有考证说东坡肉是他在徐州做官的时候做出来的。因为他抗洪救灾，深得民心，百姓送他好多肉，他推辞不掉，就做成红烧肉分给百姓，名字就叫“回赠肉”。

那么，东坡肉又怎么变成杭州西湖边的名菜了呢？自然是因为他后来又去杭州做官，继续为百姓谋福利去了。百姓爱戴他，他就继续做东坡肉回赠百姓。这样一来，杭州百姓就把东坡肉揽过去，当成本地名菜。

第四节　也无风雨也无晴

黄泥坂词

出临皋而东骛兮，并丛祠而北转。

走雪堂之陂陀兮，历黄泥之长坂。

大江汹以左缭兮，渺云涛之舒卷。

草木层累而右附兮，蔚柯丘之囱蒨。

余旦往而夕还兮，步徙倚而盘桓。

虽信美而不可居兮，苟娱余于一眄。

余幼好此奇服兮，袭前人之诡幻。
老更变而自哂兮，悟惊俗之来患。
释宝璐而被缯絮兮，杂市人而无辨。
路悠悠其莫往来兮，守一席而穷年。
时游步而远览兮，路穷尽而旋反。
朝嬉黄泥之白云兮，暮宿雪堂之青烟。
喜鱼鸟之莫余惊兮，幸樵苏之我嫚。
初被酒以行歌兮，忽放杖而醉偃。
草为茵而块为枕兮，穆华堂之清宴。
纷坠露之湿衣兮，升素月之团团。
感父老之呼觉兮，恐牛羊之予践。
于是蹶然而起，起而歌曰：
月明兮星稀，迎余往兮饯余归。
岁既宴兮草木腓，归来归来兮，黄泥不可以久嬉。

什么是黄泥坂？就是他那盖在村里的雪堂和他在城里的住处临皋亭之间的一小段路，黄黄脏脏的，一旦下雨下雪，那真是千遍泥泞、万遍难行，赤脚踩上去，稀泥从脚趾缝里往上冒，还夹杂着牛、羊、鸡、猪的粪便和柴草梗。

就这，他还走得很开心，还为它写了一首这么长的诗，诗里还写得这么有趣，其实不是诗有趣，是他的生活有趣；不是他的生活有趣，是他觉得他的生活有趣——之所以觉得他的生活有趣，是因为他长了一双善于发现趣味的眼睛和一颗善于感知生之快乐的心。

这才是最难能可贵的事。

他就像一盏灯，吸引着识字的、不识字的、年长的、年少的人纷纷向他围拢。人如飞蛾，天生就有趋光性，东坡就是一束光。

元丰六年（公元 1083 年），朝云生了一子，东坡起名为遁儿（一说遯儿）。

洗儿诗

人皆养子望聪明，我被聪明误一生。
惟愿孩儿愚且鲁，无灾无难到公卿。

东坡是个聪明人，所以他为学学有所成、为官官有政绩，但是聪明也使他忧患，使他惘然。他希望儿子哪怕是傻傻笨笨的，也要无灾无难。当然，既能够无灾无难，又能够身居公卿，过日子不缺米面，一辈子不劳愁烦，那就最好了。

他也知道做不到，但是还不能做做梦吗？所以他的小诗写得顺畅、自然，又有点耍赖皮的意思在里面，就像阿 Q 做的不切实际的美梦。

是的，东坡颇有一些阿 Q 精神。他安慰自己说：别羡慕出入有车的人，老坐车会麻痹瘫痪；也别羡慕住大房子的人，因为大房凉屋，容易得伤寒和中暑热；也别羡慕人家有美人相伴，贪恋女色最要不得，会短命的；也别羡慕别人大鱼大肉，吃得多了，会烂肠。

说来说去，他就是觉得，他现在的生活挺好。在东坡种种稻，一大家子住着五间屋，有果菜十几畦可采撷供饭，还有桑树百多株可以养蚕织布，非常不错。

东坡心怀柔善，见不得伤生害命。他以前就救过弃婴，如今到了黄州，发现当地也有溺婴恶俗，但是他已经做不了主了，所以给本地太守写信诉说这种恶俗惨状：

天麟言岳鄂间田野小人，例只养二男一女，过此辄杀之。尤讳养女，以故民间少女多鳏夫。初生辄以冷水浸杀，其父母亦不忍，率常闭目背向，以手按之水盆中，咿嘤良久乃死……

至于他自己，成立了救儿会，除了自己每年捐十缗钱，还向富人募捐，然后买来衣食无偿捐赠给贫穷的孕妇，好让她们能把孩子生下来，哪怕是凑凑合合带大，也别造杀孽。

苏东坡有一个道号，叫铁冠道人。这个道号是从什么时候开始用的不知道，但是他修黄老之道却是事实。

他的主业是儒家，旁门是佛家，偏门是道家。

东坡甚至说自己“龆龀好道”，也就是在刚留头、刚换牙的年纪，就开始好道了。他是由一个叫张易简的道士给启的蒙，受其熏陶，好道也是正常的。

于是，东坡被贬黄州的这一年冬至，他跑到一家道观闭关修炼去了，修的是“辟谷”和气功，练了七七四十九天。

东坡受道士的影响，准备开炉炼丹。这也是当时的风尚，所以他还给武昌的朱太守写信，询问其炼丹之法。

他在临皋堂辟丹室一间，又给好友王巩写信，想求些丹砂。

炼丹是求长生的，这辈子过得还不够苦吗？对，他不觉得苦。

他不知道丹药是有毒的，估计就算知道是有毒的，他也得试一试，因为好奇心太重。

他还在弟弟的影响下练瑜伽。

这说明他的生活稳了，心也稳了，才有心思琢磨别的。有一天，一个人向他求长寿良方，他真就给出来了：无事以当贵、早寝以当富、安步以当车、晚食以当肉。这算是最实用而且如今一直在用的法子了：心头无事、早睡早起、安步当车、饱饿有度。

东坡一直在修心。他不再焦虑，不再忧郁，不再怨愤——好像他从来不曾怨愤过。

以前，他的心境是热闹的，群鸟鸣枝；如今，却是安静下来了。

定风波·莫听穿林打叶声

三月七日沙湖道中遇雨。雨具先去，同行皆狼狈，余独不觉。已而遂晴，故作此。

莫听穿林打叶声，何妨吟啸且徐行。竹杖芒鞋轻胜马，谁怕？一蓑烟雨任平生。

料峭春风吹酒醒，微冷，山头斜照却相迎。回首向来萧瑟处，归去，也无风雨也无晴。

来此地两年，东坡已经完全适应了这种燠热而艰苦的生活。他开始给自己寻找快乐。

别人寻找快乐，大抵是喝酒、吃肉、召妓、唱歌；他寻找快乐，是寻一清静的光阴，找一清静的所在，和朋友们一同赏月，然后，再抡起如椽巨笔，作一篇文章。

这就是光耀千古的《赤壁赋》。因为后来又写了一篇同题《赤壁赋》，所以后人就把它们分别称为《前赤壁赋》和《后赤壁赋》。

《古文观止》将两篇《赤壁赋》作比较，说《前赤壁赋》“写实情实景，从‘乐’字领出歌来”，《后赤壁赋》“作幻境幻想，从‘乐’字领出叹来”。

第五节　《念奴娇·赤壁怀古》

想当年，曹操把水军“引次江北”，和陆军会合。隔着一条长江，和周瑜的战船遥遥对峙。

长江壮阔，流云飞卷，这可真是“无边落木萧萧下，不尽长江滚滚来”。

苏轼一念及此，自身壮志澎湃不尽，于是作词：

念奴娇·赤壁怀古

大江东去，浪淘尽，千古风流人物。故垒西边，人道是，三国周郎赤壁。乱石穿空，惊涛拍岸，卷起千堆雪。江山如画，一时多少豪杰。

遥想公瑾当年，小乔初嫁了，雄姿英发。羽扇纶巾，谈笑间，樯橹灰飞烟灭。故国神游，多情应笑我，早生华发。人生如梦，一樽还酹江月。

东坡起笔就如山岳耸峙，摹景状物又怒涛奔驰。当年有多热闹，如今就有多冷清；当年有多豪迈，如今就有多凄凉。他一个人坐在这时空一点，于莽莽苍苍的天地山海间，于意念间看了一场热血贲张的电影。待到夜阑人散，大幕徐徐落下，他心思复杂，除了用一杯酒敬天上月，还能说些什么。

这可真的是万古长空，一朝风月。或者说，对于苏轼来说，只要他愿意，他随便停伫在时空里的哪一个点上，这个点就是旁人无知无觉而独属于他的万古长空、一朝风月。

两赋一词，都写于元丰五年（公元 1082 年）上半年。东坡，彻底封神了。

第六章 盛衰跌宕

人间有味是清欢

第一节 告别黄州

这天，皇帝于深宫中读到苏东坡的“又恐琼楼玉宇，高处不胜寒”，叹息道：“苏轼终是爱君！”

明明这是苏轼写给弟弟的词，但是皇帝不由自主地影射到自己身上，因为这“高处不胜寒”，实在是当皇帝的切肤之痛。

看着高高在上，却连个说心里话的人都没有，就跟天上的月亮一样，万民仰望，寂寞自知。

东坡被贬后，还上过谢罪表，表章上说“无官可削，抚已知危”，皇帝笑了，说：“畏吃棒耶！”

一种调笑的口气。皇帝对东坡，一点都不厌恨，只不过是为了平衡各方关系，不得不把他贬谪而已。苏东坡在遥远的黄州过起他的小日子，皇帝在深宫里读苏东坡的诗词。旁边的太监、宫女都看习惯了，只要皇帝吃饭的时候停下了筷子，肯定是听到歌舞姬唱到了东坡的词。

皇帝想，该把苏轼召回来了。他想把苏轼召回来修史，但是反对党明确反对，皇帝只好放弃，转用曾巩。曾巩没有圆满完成任务，被免了职，皇帝更想念苏轼。元丰七年（公元1084年）正月，皇帝亲书手札："苏轼黜居思咎，阅岁滋深，人才实难，不忍终弃。"

结果此时却传来消息，说苏轼死了，皇帝一听就撂了筷子。后来又听说这是讹传，原来苏东坡害了眼病，数月不曾出门，引人疑猜。

皇帝一高兴，多吃了两碗饭。他问别人："苏轼能和哪位古人相比？"

对方回答："颇似李白。"

皇帝摇头："李白有苏轼的才气，可是却没有苏轼的学识。"

这个评语恰切。李白和苏轼都有冲天的才气，不过，李白没有苏轼这么好的考试成绩，这都是一个字一个字地背出来的成绩。

于是，圣旨就来了，苏轼由黄州调汝州，就是今天的河南汝阳。虽然还是平调，不过，汝州离京城近了一点。皇帝也有意思，好像近这么点儿，就离苏轼真的近了似的。

一道圣旨下，苏轼的雪堂啊、东坡啊、瓜果啊、粗酒啊，就都得撇下。在此地交的老朋友又得分离，还不能说不去。

不但不能说不去，还得上表谢恩。这回的谢恩表他写得很认真、小心，结果新党仍旧攻击他，说他考过殿试后那句"惊魂甫定，梦游缥纷之中"是口出怨言。

皇帝说哪儿有，苏轼对我一片忠心。《春渚纪闻》记载，皇帝看了苏轼的表章，又对侍者群臣感叹：“苏轼真是奇才！”

苏轼特地写了一首《满庭芳》，以作告别：

元丰七年四月一日，余将去黄移汝，留别雪堂邻里二三君子，会李仲览自江东来别，遂书以遗之。

归去来兮，吾归何处？万里家在岷峨。百年强半，来日苦无多。坐见黄州再闰，儿童尽、楚语吴歌。山中友，鸡豚社酒，相劝老东坡。

云何，当此去，人生底事，来往如梭。待闲看秋风，洛水清波。好在堂前细柳，应念我，莫剪柔柯。仍传语，江南父老，时与晒渔蓑。

不知不觉，苏轼“百年强半”了，他还想着要回来，所以请邻居和朋友们在天晴的时候替他晒晒蓑衣。和朋友一起钓了鱼后吃鱼，吃鱼的时候喝酒，喝醉了泛舟，泛完舟了接着写《赤壁怀古》，要不然就继续写《赤壁赋》。

他是这么想的，不过自从他走后，他再也没有回过黄州。

苏轼此去属于平调，仍旧有职无权。他和长子苏迈分了工：他先去探望做酒监的弟弟，苏迈带着家眷登舟先行，然后他们在九江会合，再同赴汝州。

好多人都跑来送他。

亲友、乡邻、农夫、乡绅，还有一些陌生人。人们舍不得这个胡子拉碴的、笑起来哈哈哈的人——至于诗文，好些人都不识字。

有十九个人一路坐上船，送他到了慈湖，还有三个朋友干脆陪他到了九江。这三个朋友分别是参寥子，也就是道潜大和尚，还有怕老婆的陈季常和老道士乔今。

乔今到了九江后，东坡和他同游庐山。这回一共写了三首游庐山的诗，最有名的就是下面这首：

题西林壁

横看成岭侧成峰，远近高低各不同。
不识庐山真面目，只缘身在此山中。

寓意遥深，化繁为简，举重若轻。这二十八个字，你可以抻开来，写成一万字的论文、十万字的书；把它竖起来当镜子，可以烛照自身面目、身边亲人、大千世界。

苏轼来到苏辙处，两兄弟久别重逢，灯下对坐，亦喜亦悲。

哥哥来看自己，苏辙高兴自然是高兴的。兄弟两个谈到乌台诗案，苏辙仍旧心有余悸。几天后，苏轼要走了，苏辙给他饯行，以手指口，让他以后说话要小心。

东坡回到九江，和家人会合，继续前行，顺江而下，到了金陵。一路上颠簸，幼子苏遁病死。

老来丧子，苏轼无比悲痛，作诗两首：

去岁九月二十七日在黄州生子名遁小名干儿颀然颖异至今年七月二十八日病亡于金陵作二诗哭之

吾年四十九，羁旅失幼子。幼子真吾儿，眉角生已似。
未期观所好，蹁跹逐书史。摇头却梨栗，似识非分耻。
吾老常鲜欢，赖此一笑喜。忽然遭夺去，恶业我累尔。
衣薪那免俗，变灭须臾耳。归来怀抱空，老泪如泻水。

我泪犹可拭，日远当日忘。母哭不可闻，欲与汝俱亡。
故衣尚悬架，涨乳已流床。感此欲忘生，一卧终日僵。
中年忝闻道，梦幻讲已详。储药如丘山，临病更求方。
仍将恩爱刃，割此衰老肠。知迷欲自反，一恸送余伤。

东坡一生爱大笑，他大哭的时候特别少。

可是如今，幼子夭折，他老泪纵横，而朝云只愿和幼子同死。

人间七苦爱别离。

苏东坡要买房子了。一听说他要买房安居，他的朋友们按捺不住了，谁不想要一个有趣的人离自己近一些？大家都稀罕他。

佛印当时正在镇江的金山寺做住持，所以希望苏轼能够住在扬州或者镇江。

范镇呢，正在许昌，所以希望他能来许昌。

张方平在南都，也希望他能够离自己近。

苏轼把全家暂时安顿在仪真，然后开始到处看。

他相中了湖州太守推荐给他的一块地，在宜兴城外二十里，可年产米八百担，可以自己种柑橘。他就喜欢亲手种树，他在黄州就是一切都由自己动手。

可是他没钱。

算了，退一步吧，于是他花了仅余的五百缗钱，买了荆溪上一处老宅子。

这儿也不赖。他安慰自己。

趁着月色，苏轼和朋友一同去看这个老宅。他已经把钱交了，结果去了后发现有一个老妇人在哭。问明缘由，原来这宅子是她的儿子卖的，可是她舍不得。

苏东坡把房契拿出来，一把火烧了。钱也没有要。

东坡想，反正自己无论在哪里都是被监视居住，所以他不想去汝州了，他想留在常州——据林语堂考证，东坡的小堂妹家住镇江，离常州很近。

于是他一连向皇帝上了两道奏表，尤其是第二道奏表，简直让人一掬同情之泪：

……禄廪久空，衣食不继。累重道远，不免舟行。自离黄州，风涛惊恐，举家重病，一子丧亡。今虽已至泗州，而赀用罄竭，去汝尚远，难于陆行。无屋可居，无田可食，二十余口，不知所归，饥寒之忧，近在朝夕。与其强颜忍耻，干求于众人；不若归命投诚，控告于君父。臣有薄田在常州宜兴县，粗给饘粥，欲望圣慈，许于常州居住。……

我好久没发工资了——或者说我的工资早早就花完了，如今我饭都吃不起，衣裳也穿不起。我的家累又重，路途又远，不得不坐船前进。自从离开了黄州，在水上着了许多风涛惊恐，一家人都害了重病，一个儿子甚至因此亡身。如今虽然我到了泗州，却把钱花空，离汝州还远，走陆路太难。无房可住，无田可耕，二十多口人，不知何处安身，眼看就要跌入忍饥受寒之境。与其觍脸求人，不如我觍着脸求君父，告诉君父我的窘境。我在常州宜兴县有一点薄田，还能够种出一点粗粮糊口，还望君父慈悲，允许我在常州居住。

奏表上去了，需要等反馈，他就在路上慢慢晃。从扬州晃到泗州，晃了四十天。到了泗州干脆不走了，现任太守刘士彦是他的好友，他就天天跟着刘太守游玩，并作诗填词：

行香子·与泗守过南山晚归作

北望平川。野水荒湾。共寻春、飞步孱颜。和风弄袖，香雾萦鬟。正酒酣时，人语笑，白云间。

飞鸿落照，相将归去，澹娟娟、玉宇清闲。何人无事，宴坐空山。望长桥上，灯火乱，使君还。

这可把太守吓得够呛。天黑以后，淮水桥禁行，违者劳役两年，太守作为地方最高长官，带着头违反纪律呀。他赶紧找东坡去了，东坡一听，尴尬了："哈哈，原来我一开口就是两年劳役呀！"

终于，圣旨到了，东坡仍任汝州团练副使，不必"本州安置"，允许住在常州。

允许苏轼在常州居住的圣旨到底是谁下的？

当时神宗病重，太后摄政，所以不知道到底是神宗下的旨，还是太后下的旨，反正苏轼是如愿以偿，于神宗元丰八年（公元 1085 年）到美丽的太湖边安居。

归宜兴留题竹西寺三首

十年归梦寄西风，此去真为田舍翁。

剩觅蜀冈新井水，要携乡味过江东。

道人劝饮鸡苏水，童子能煎莺粟汤。
暂借藤床与瓦枕，莫教辜负竹风凉。

此生已觉都无事，今岁仍逢大有年。
山寺归来闻好语，野花啼鸟亦欣然。

他好开心，字里行间的雀跃欣喜如鱼游水中，溅跃起泠泠的水珠。

常州有一个士大夫人家，烹制河豚特别美味，请他去吃。他一边吃着，士大夫的家人在屏风后面躲着看，结果他埋头大吃一顿，一句话都没说。大家很失望。后来，他好容易张开尊口，说了一句："据其味，真是消得一死。"

这个事情记载在宋人孙奕所撰的《示儿编》里。当我们看到他的诗"竹外桃花三两枝，春江水暖鸭先知。蒌蒿满地芦芽短，正是河豚欲上时"之时，一定不要被他的桃花、流水和鸭子所迷惑，他的重点在最后一句：他想吃河豚！

第二节　荣宠无两

//

正当此时，朝廷生变。

神宗驾崩，享年三十八岁。赵煦原名赵傭，是神宗的第六子，即位为宋哲宗，改元元祐，尊祖母高氏为太皇太后。

从此，五十四岁的太皇太后开始垂帘听政，执掌朝政大权。

皇帝驾崩，消息传来，东坡第一时间除服戴孝。他对皇帝，就如皇帝对他，遥遥相望，彼此心照。

太后对苏轼的印象一直特别好，如今太后主政，苏轼的黄金时代来了，朝廷任命他去山东做太守。

他不乐意。

他给旧友王巩写信：

谪居六年，无一日不乐，今复促令作郡，坐生百忧。正如农夫小人，日耕百亩，负担百斤，初无难色，一日坐之堂上，与相宾飨，便是一厄。

苏轼说他这贬官谪居的六年，没有一天是不高兴的。如今又让他去当一郡之主，一下子凭空多出无数忧虑。就像小老百姓，你让他一天耕一亩地、挑几十斤的重物，他一点困难也没有。可是你让他坐在堂上会宾待客，对他来说，就是一大灾厄。

他把自己当成农夫小民，太后不让他当，所以他只好继续去当官：

南迁欲举力田科，三径初成乐事多。

岂意残年踏朝市，有如疲马畏陵坡。

可怜的老马啊，又要爬坡。

苏东坡赴登州，开始他的太守之旅。

登州近海，不缺海盐，政府却不让百姓买低价海盐，要买政府从外地运来的高价官盐，所以他一上来就给朝廷上了一道奏疏《乞罢登莱榷盐状》。太后当即允准，从此百姓可以不食官盐。

他在登州仅待了五天，就又升了官，被任命为礼部郎中。一家人的行李都还没有拆开，又直接上路，继续旅游。

可是这次不能旅游了，朝廷让他火速进京。因为朝廷变天了，旧党抬头了。

现在哲宗才八岁，高太后当初见到郑侠的流民图而流泪，力主罢免王安石。如今她主政，贬斥新党，重用旧党。

当初离朝的司马光被她半绑架式地请来上班，让他当门下侍郎，相当于副宰相。司马光不肯去，她就让人从他家里直接把他护送到官衙。旧党的文彦博、吕公著等人，也陆续得到起用。

十二月，东坡抵京。入京时，他是礼部郎中，当月就当上六品起居舍人。没过多久，又成了四品中书舍人，紧接着又封翰林。八个月连升三级。

高太后给他升官，但是他并不怎么舒心。

他来的时机不对，朝堂上颇为不靖，主要是司马光这个旧党代表和执掌枢密院的新党代表章惇水火不容。

宋朝的枢密院是管军事的，宋人崇文鄙武，武官从军队里一路升上来，顶多只能爬上枢密副使的位置，正使是由文官兼任的。

历朝历代，都是君主高高在上，君主受臣子的气的情况少，但也不是没有。比如，宋神宗就受气，受章惇的气。

神宗因为用兵失利，下令处死一名漕官。第二天，宋神宗问："昨天那个人已经处决了吗？"

章惇说："自太祖以来，从没有杀过文官，我们不愿意从陛下开始。"

宋神宗沉默很久道："那就将他刺面，发配边疆。"

章惇说："与其这么做，不如杀了他。"

宋神宗愤怒地说："一件快意的事情都不能让朕做主吗？"

章惇回答："士可杀，不可辱。这样的快意，不做也好。"

章惇不买副宰相的面子，不买皇帝的面子，如今当然也不买老臣司马光的面子。

苏轼的架子可就不知道怎么拿了，司马光是他的座师，章惇是他的朋友。没办法了，他就给章惇写信，劝他给司马光留点面子。章惇当然也是不听的：难道朋友的面子就可以买吗？

苏轼此人，后世人都说他是旧党，其实他是觉得新党有的地方做得对，他就赞成；旧党有的地方做得不对，他就反对。

他不论阵线，只论对错，所以，司马光和别的旧党人士一上台，就开始大刀阔斧地革除新政，这么一来，苏轼又看不惯了。

变法中有一项是"免役法"，其实挺不错的，也被司马光等人给革除了。

宋初实行的是"差役法"，就是按照户主、户等轮充差役——士兵由轮流当差的农民组成。这样的军队有什么战斗力？免役法是应当应役的人交钱，由州县政府出钱募人应役。

这样一来，国家就有了常备部队。

现在，免役法废除，国家战斗力就下降了。外有辽和西夏两个强敌，这边却要自断手臂，不是找死吗？当时他还是六品官，却当场和司马光争论起来。

司马光说不能老让百姓交钱，老百姓没钱。

东坡说话虽如此，但是必须要加强兵备，毕竟有强邻在侧。

司马光的意思是，这种弹丸小国，没见过什么世面，赏他们俩钱花就什么都有了，不必强兵。于是他也不听东坡的，直接下令废除。

苏轼气坏了，在家里骂“司马牛”。司马牛是孔子的一个弟子的名字，这里是指司马光犯牛。

王安石的新法被旧党一扫而空，吕惠卿、蔡确、吕嘉问等新党一干人有的被贬，有的判刑，有的被逐出。

元祐元年（公元 1086 年），章惇和宰相蔡确都被贬出京。

苏东坡免试，越级提拔，成为中书舍人，赐金紫。

就在这期间，王安石去世。司马光主张对王安石“尚宜优加厚礼”，于是朝廷追赠王安石太傅称号。

这就是宋朝的政治，在朝之时，政敌之间你死我活。当一方失败，黯然离场，另一方便罢手，甚至可以心无芥蒂，给政敌最后的体面，这算是宋朝文官政治的一点温情。

苏轼负责以皇帝的名义起草诰命。

王安石赠太傅敕

朕式观古初，灼见天命。将有非常之大事，必生希世之异人。使其名高一时，学贯千载：智足以达其道，辩足以行其言；瑰玮之文，足以藻饰万物；卓绝之行，足以风动四方。用能于期岁之间，靡然变天下之俗。具官王安石，少学孔孟，晚师瞿聃。网罗六艺之遗文，断以己意；糠秕百家之陈迹，作新斯人。属熙宁之有为，冠群贤而首用。信任之笃，古今所无。方需功业之成，遽起山林之兴。浮云何有，脱屣如遗。屡争席于渔樵，不乱群于麋鹿。进退之美，雍容可观。朕方临御之初，哀疚罔极。乃眷三朝之老，邈在大江之南。究观规摹，想见风采。岂谓告终之问，在予谅暗之中。胡不百年，为之一涕。于戏！死生用舍之际，孰能违天？赠赙哀荣之文，岂不在我！宠以师臣之位，蔚为儒者之光。庶几有知，服我休命。

他对王安石很推崇："名高一时，学贯千载：智足以达其道，辩足以行其言；瑰玮之文，足以藻饰万物；卓绝之行，足以风动四方。用能于期岁之间，靡然变天下之俗。"

不过，他也有话在喉，不吐不快，于是加了一句："网罗六艺之遗文，断以己意，糠批百家之陈述，作新欺人。"

南宋罗大经的《鹤林玉露》记载了王安石和苏东坡的一次交锋：

王安石探究文字起源，特著《字说》。王安石说"波"是

“水之皮”，东坡看不下去了说，照你这么说来，那“滑”就是水之骨了？

然后，东坡问王安石：“为什么‘鸠’这个字由‘九’和‘鸟’这两个字合起来组成？”

王安石答不上来，苏轼说，因为《诗经》上写了，“鸣鸠在桑，其子七兮”。七只小的，加上两只老的，可不就是九只鸟吗？

事情真假不论，时人的看法很是鲜明。

苏轼又分别拟了李定和吕惠卿的贬谪诏书。

对这两个小人，东坡用不着客气，命令李定依着母丧之礼，重新补居丧三年。又说吕惠卿“始与知己共为欺君，喜则摩足以相欢，怒则反目以相噬。连起大狱，发其私书。党与交攻，几半天下。奸赃狼藉，横彼江东。”

苏东坡是以四品中书舍人的身份来拟诏的。蔡确之后，文彦博继任相位，把苏东坡提拔为翰林学士知制诰，成了正三品。这是王安石以前干过的职务，荣誉度极高，非名气高、学问大者不可得。迈过这一步，就可入相了。

高太后派人把苏轼的官衣、金带、金马、金鞍送入他府中，一时之间，东坡荣宠无两。

第三节 旧党分裂

元祐元年，司马光去世。

苏轼特为这个北宋著名的政治家、史学家、文学家作《司马温公行状》：

公讳光，字君实。年十五，书无所不通……公历事四朝，皆为人主所敬。然神宗知公最深。公思有以报之，常摘孟子之言曰："责难于君谓之恭，陈善闭邪谓之敬，谓吾君不能谓之贼。"故虽议论违忤，而神宗识其意，待之愈厚。

文武百官前去致祭的时候，东坡和程颐闹起了不愉快。

程颐是"二程"之一，宋初理学大师程灏的弟弟，后来被称为"洛党"领袖——兄弟两个是洛阳人。

这兄弟两个凡事都讲"理"，可是讲得有些过头，老气横秋，满口尊卑贵贱，自言三纲五常不可乱，贵就是贵，贱就是贱。而且他们主张存天理、灭人欲，就是为了留存心中的天理、消灭人本身的欲望。

理学未曾盛行之时，鼓励寡妇再嫁；及至理学盛行，就开始鼓励寡妇守节。更有甚者，由于讲究男女授受不亲，女子得了重病都不肯让男大夫治疗，有的女人因为被男人误触了一个臂膀，竟然用刀生生砍了下来。

至于缠小脚，限制女子行走，使她们被拘于内室，只为取悦男人而存在；女子不能抛头露面，否则就被视为不贞不洁，也许这一切不是“二程”的初衷，但是后续的客观效果就是这么惨烈。

苏轼天性流荡，如清溪水，如浩荡风，理学不合他的天性。

当日，文武百官是要先参加神宗灵位入太庙的仪式后，方去参加司马光的葬礼。

可是神宗灵位入太庙，必定要奏乐，程颐就不同意大臣们当天再去参加葬礼，因为孔子说过，这一天如果哭了，就不能歌。

东坡心里可烦了：“可是孔子并没有说这一天歌了，就不能哭。走走走，同去同去。”

于是大家一同去。

程颐是负责司马光的葬礼规程的。吊客前来吊唁，死者亲属要给客人还礼，可是程颐却说这样不行，因为父亲殁了，做儿子的必定哀痛欲毁，站都站不起来，怎么还能彬彬有礼地给人行礼呢？

这样一来，司马光的儿子就在里屋里不敢出来，出来即为不孝。吊客连孝子的面都见不着。

可是，皇帝和太后致祭来了。——司马光的儿子是见还是不见？见，是对先父大不孝；不见，是对皇上和太后大不敬。

那还用说，谁敢承担藐视皇上的罪名呢？当然是见。因此，苏东坡就讽刺程颐：“伊可谓糟糠鄙俚叔孙通。”

叔孙通是西汉大儒，他为刘邦制定了一整套的朝堂礼仪。苏东坡骂程颐是从烂泥塘里爬出来的叔孙通，吃糟哺糠的叔孙通，从乡下来的也不懂的叔孙通。

苏东坡快人快语，程颐满面通红。

元祐二年（公元 1087 年），苏东坡又成了侍读。所谓侍读，就是陪侍帝王读书论学，或者为皇子等授书讲学。

苏学士如今是伴天子读书。所谓伴天子读书，其实是登台给天子授课。情形和现在的老师给学生上课差不多，老师站着，学生坐着。听课的还有群臣，不过群臣要站着。

当年王安石也当过侍读，他给皇帝讲课的时候，他想要和皇帝都坐着，旁听的官员站着，结果大家不依他。

程颐也讲过，他也提过同样的要求，而且他比侍读还低一个档次，是“说书”，但是他觉得他只有坐着，方才符合尊师重道的传统。

苏轼对于站着讲课还是坐着讲课都没意见，程颐的一板一眼让他实在适应不过来。

国家忌日这天，大臣们到相国寺祈祷。程颐让相国寺准备素菜供应，东坡则无肉不欢，他问程颐为什么吃素，你又不信佛。

程颐说根据古代礼法，守丧期间不可饮酒食肉，忌日是丧日延续，也要凛遵无违。

东坡吆喝一声：“为刘氏者左袒！”汉朝时，吕氏和刘氏决斗，吆喝站边，有人站吕氏这一边，有人站刘氏这一边，于是东坡也发动大臣们站边。

众大臣纷纷站边，吃肉的站一边，吃素的站一边。东坡收获程颐和他的支持者一箩筐白眼儿。

新党被清除后，很快旧党就搞起了分裂，分为蜀党、洛党、朔党。

蜀党的代表人物是苏东坡，他老家在四川。

洛党的代表人物是程颐，他老家在洛阳。

朔党的代表人物是尚书左丞刘挚。朔党人数最多，大多是司马光门下的旧派人士。他们不参与纷争，袖手站高台。

苏轼和程颐不过是小打小闹地戗两句，但是他们各自的门人斗得很厉害。

程颐的弟子朱光庭、贾易等人借口苏轼在策问中提出效法“仁祖之忠厚”则官吏们偷惰不振，效法“神考之励精”又使官吏们流于苛刻，以此攻击苏轼诬蔑宋仁宗赵祯不如汉文帝刘恒、宋神宗赵顼不如汉宣帝刘询，应予治罪。

蜀人吕陶、上官均等上奏章说朱光庭是借机为程颐泄私忿。

无所偏袒的范纯仁也觉得朱光庭的奏章太过分，朔党的王岩叟则支持程颐。

然后攻守又换了过来，蜀党攻击程颐不好好给皇帝讲学，居然提醒小皇帝不要接近女色——皇帝年幼，说这些极其不合时宜。

洛党则反击，说苏东坡之所以攻击程颐，是因为他想主持司马光的丧礼，结果丧礼却让程颐主持了。

这个时候，朔党出手了。他们上表攻击洛党，导致程颐、贾易等人被贬黜出京；又攻击蜀党，说苏本坡不过就是会写写文章而已，哪有什么真本事。

脏水一盆盆泼到东坡身上，奏表一份份送到摄政太后面前。

若说以前的旧党和新党的党争有时候还是为国家前途着想，这次旧党内部的元祐党争可完完全全是各谋私利。苏东坡又想走了。

苏东坡请辞翰林，没被允许。他只能留在原任，继续在泥滩里打滚。

苏氏全家现在开始享受京都的生活。苏夫人和朝云的眼前不再是黄泥巴路，做饭用的都是柴火土灶。她们出门逛街，周围都是珠宝店、绸缎店、药铺，街上卖鲜花和水果，到处都是酒馆、饭馆。苏东坡休沐时可以领着妻妾和孩子们到处走走看看。

如今别人看他，都是抬着眼睛看了。他的亲朋好友遍布朝堂，俨然成了一股不可忽视的力量：

司马光死的那一年，苏辙也回了京师，担任御史中丞，第二年就升任尚书右丞。

当年因为乌台诗案被贬的老朋友们也都回来了，比如，驸马王诜、王巩、孙觉、范祖禹等，而且都当了不小的官。

陈季常来京城看望苏东坡，黄庭坚也来了京城。

如今，“苏门四学士”已成气候，黄庭坚、秦观、张耒、晁补之都声名鹊起。后来苏门学士又加了二人，即李廌、陈师道，被称为“苏门六学士”。

苏轼的文名和声望高到什么程度呢？

学者章元弼娶妻之后，还忙着读苏东坡的诗，冷落了美人。妻子自请休妻，结果这个男人真的把妻子休了。

北周时，美男子独孤信出城打猎，天色已晚，他要赶在宵禁之前奔回家。由于马跑得太快，他的帽子被风吹歪。第二天一看，满大街都是歪戴帽的男人。这就是偶像的力量。苏轼如今戴的帽子，也被大家群起模仿：帽子特别高而顶上窄，微向前倾，这种帽子后来叫作“子瞻帽”。

宋朝因为制度的原因，导致冗官特别多，尤其是皇上只要下一道圣旨，有的人就可以免考，直接做官。东坡建议不再免试，严格限制关系户。他还给太后密奏边境恶事，因为边民遭外番屠杀，当地驻军怕担责，瞒报不奏。即使特使调查，也不过是走个过场。还有童政剿匪，杀良民充人头，而且杀的是妇女。有人揭发后，他竟然说交战时看不清男女，以致误杀。

虽然新党遭了贬黜，但是蝇营狗苟之心不死，苏轼也上表，说他们如同苍蝇，“腥膻所在，瞬息千万”。

于是旧党里面的洛党恨他，朔党看不上他，新党更是视他为眼中钉、肉中刺。

东坡对于这种生活越来越厌倦了，于是他再次请辞：

古今有言曰：“为君难，为臣不易。”臣欲依违苟且，雷同众人，则内愧本心，上负明主。若不改其操，知无不言，则怨仇交攻，不死即废。伏望圣慈念为臣之不易，哀臣处此之至难，始终保全，措之不争之地……

大意为：古今都有这样的话，说的是“做君主难，为臣子也不容易”。臣想要苟且偷生，和人沆瀣一气，会于内有愧于心，于上辜负明主。若是不改节操，知无不言，又会导致怨愤和仇恨交织，不死也要被废弃。还请圣上念臣不易，怜悯臣的处境艰难，保我一条性命，把我放在不争不抢的境地……

元祐四年（公元1089年）三月十一日，东坡得遂所愿，朝廷任命他以龙图阁学士衔出任杭州太守，兼领浙西六区军马。

八十多岁的太师文彦博给他送行，劝他不要写诗了。苏东坡哈哈一乐："我知道，若写诗文，会有好多人准备做注释。"

第四节　为民办事

光阴滔滔，距离东坡做杭州通判之时，已经过去了将近二十载。

苏辙如今做了吏部尚书，赐翰林学士，冬天以皇帝特使的身份出使契丹。东坡想，他沉默寡言的弟弟，是怎样一步步走向敌营的呢？

苏辙到了契丹，契丹人纷纷向他打听他的哥哥，苏辙就替哥哥发愁：

奉使契丹二十八首其十三神水馆寄子瞻兄四绝之三

苏辙

谁将家集过幽都，逢见胡人问大苏。

莫把文章动蛮貊，恐妨谈笑卧江湖。

为什么胡人会打听苏东坡？胡地本不重文教，可是苏轼的诗词、文章实在写得太好，高思捷才胡人自觉远不及也。

苏轼的好友张舜民奉旨出使辽国，宿在幽州馆驿，发现墙壁上题有苏轼的诗作《老人行》：“有一老翁老无齿，处处无人问年纪。白发如丝向下垂，一双眸子碧如水。不裹头，又无履，相识虽多少知己。问翁毕竟何所止？笑言只在红尘里……”来到书店，又看到有苏轼的诗集在卖。张舜民感慨题诗：“谁题佳句到幽都，逢着胡儿问大苏。”

话说回来。苏东坡一到任，觉得西湖怎么变小了？一问得知，江南多雨，湖里水草长得快。水草一长起来，湖里淤泥就会堆积，水草和淤泥搅成一团，把西湖堵塞住，水域面积就越来越小。照这样的速度，再过几十年，西湖说不定就没了。

东坡马上着手整治西湖，让百姓出力，砍水草，挖淤泥。经过数月，砍挖出来的水草、淤泥堆积如山，无处堆放，于是用它在西湖里筑堤。

西湖里原有一条东西向的白堤，是唐代大诗人白居易做杭州太守时修的；南北向没有堤，人们从湖南岸走到湖北岸，只能绕湖行走——绕湖一周差不多 15 公里！

现在，水草、淤泥拌和起来，就是很好的建筑材料，于是东坡就让人筑了一条南北向的堤。这就是有名的苏堤。

但是，这样的天气，水草不绝不灭，淤泥仍旧日积月累。东坡得知杭州的农民喜种菱角，种菱角需要在每年春季除一次草，这样一来，水草就长不起来了。他觉得这办法不错，下令以后每年西湖沿岸的水面以很低的租金租给农民种菱角。可是他又担心农民扩大菱角的种植面积，这样西湖的水面又会越来越小，于是就请工匠用石头凿了许多小宝塔，安放在水面上，规定两个小宝塔连成线，靠湖心一边不得种菱角。到现在九百多年过去了，西湖的湖面上还有三座这样的小宝塔，这就是西湖有名的一景——“三潭印月”。

就这样，他在杭州太守任上，修了水利，治理了西湖。除此之外，他还干了一件事——拆除违建。

运河两岸，上百户居民越界占地建房上千间。苏东坡和违章建房的居民商量出了一个办法，官府和居民各退一步：居民的房子可以不全拆，但是要把房子退后“丈尺”，留出运河维修工程所必需的用地区域。占了用地区域的房子必须拆，占不到的地方虽然可以不用拆，但是要交租金，租金就用来做河堤维修费。

两全其美。

这一年，杭州大旱，庄稼几乎绝收，粮食紧缺，粮价大涨。东坡马上筹集粮食，投放市场，平抑粮价，安定人心。

紧接着，这个鱼米天堂又迎来大涝天气，到处都是湟湟的大水，百姓家里积水盈尺。

大旱大涝，饥馑将至，东坡拼命筹粮往官仓里存——市面缺粮时，官仓要有粮食可以放出去救市；百姓挨饿时，官仓要有稀粥可以熬出来施食。

东坡喜欢做事，不喜与人斗心机。心机是十分不合乎天性的东西，如刃之发于硎，伤人的同时也卷刃自伤。

大部分时候，他喜爱人世繁华，可是他也爱慕天地间的闲雅静默。如今，远离朝堂和小人攻讦，他虽然觉得热闹，却是闹中有静，静得自在。

他觉得力孤，于是拼命向朝廷求援，半年上表七次。结果，他上的表，关键地方都被删除，然后再呈到圣上面前。朝廷虽应他所请，拨下资金，却被官吏层层盘剥。

他心急如焚。陈米马上就吃完了，新收的稻谷也马上吃完了，有钱也买不到粮食，会出大乱子的！

今年灾伤，实倍去年。但官吏上下，皆不乐检放，讳言灾伤。只如近日秀州嘉兴县，因不受诉灾伤词状，致踏死四十余人。大率所在官吏，皆同此意。但此一处，以踏死人多，独彰露耳。

但是，京城里的老爷们说他的奏章言过其实。东坡又急又无奈，给朋友孔平仲写信："呜呼！谁能稍助我者乎？"

当时的西湖因为湖底淤泥堆积，老百姓守着西湖买水喝。

西湖水来源于山泉水，怎么把山泉水引到西湖里呢？用的是竹筒。可是竹筒用得久了，就朽烂报废了。湖底淤泥越来越厚，水也少了，没办法，就只能花钱买运河水。可是运河水搀了海水，又苦又贵。于是东坡先用陶瓦管代替竹管，重新引山泉水入西湖，然后又征遣民夫疏浚西湖淤泥，解决了百姓吃水的大问题。

他还在西湖南岸挖了两个水库，这次动用的是部队的士兵，因为水库就建在军营那里，可以同时造福百姓和部队。他是军政一把手，有动用士兵的权力。《宋史》云："轼见茅山一河专受江潮，盐桥一河专受湖水，遂浚二河以通漕。复造堰闸，以为湖水蓄泄之限，江潮不复入市。"

他求中央拿钱，他出谋出力，给全城居民供水、盖诊所、疏浚盐道、修西湖、救济饥民……杭州百姓给他建了供有他的画像的生祠。后来新党得势，生祠被拆毁。他的这些德政，变成了"虐使捍江厢卒，为长堤于湖中，以事游观"。

元祐六年（公元1091年），东坡被召回京师任吏部尚书。东坡一路上的所见所闻，十分不乐观。苏州鱼米之地，洪水未退，百姓以稗糠充饥。

旱灾必有蝗灾，水灾必有疾疫。他忧心忡忡，人在路上，奏本飞进京城："是臣亲见，即非传闻。春夏之间，流殍疾疫必起。"

官场上有这么一个人，太可厌了。你太拿百姓当回事了，来来回回上奏本都是你，就显你能，所以他还没到京城，已经有许多人弹劾他，"论浙西灾伤不实"。

攻击他的是朔党和洛党。这些人把党系派系放在国计民生之上。

此时，苏辙已经是门下侍郎，也是宰相之一。兄弟两个都要飞黄腾达，别人受不了。

东坡是受召回京就任吏部尚书的，结果一回来就当上了翰林学士承旨兼侍读，侍奉在皇帝身边，给皇帝讲课。

朔党更受不了了，于是一起弹劾他。

他又想走，但是朝廷不放。

贾易是洛党，程颐的门人，弹劾苏东坡上请辞表章是向朝廷施加压力，以求相位。贾易指责他写诗亵渎先皇，指责他修的苏堤"于公于私，两无利益"，指责他误报杭州灾情。

东坡哭笑不得，上《乞外补以回避贾易剑子》表章："易等但务快其私忿，苟可以倾臣，即不顾一方生灵坠在沟壑。"

三个月后，东坡又走了。

元祐六年八月，苏东坡奉旨以龙图阁大学士衔职守颍州。

颍州是欧阳修任太守、晚年定居之地。欧阳修卒于颍州，东坡亲往陵墓祭拜，填词《木兰花令》：

霜余已失长淮阔，空听潺潺清颍咽。佳人犹唱醉翁词，四十三年如电抹。

草头秋露流珠滑，三五盈盈还二八。与余同是识翁人，惟有西湖波底月。

此地也有一个西湖，离州衙不过三里。千顷碧波，风和日丽。湖中荷叶田田，荷花已是开过，沿岸有柳丝飘垂，偶有几处亭台楼阁。

你说巧不巧，苏东坡跟水有缘：在徐州的时候，他率众抗洪；在杭州的时候，他率众疏浚西湖；跑到颍州，这里的西湖也需要疏浚。

挽起袖子，说干就干！

他向朝廷请奏，留开挖黄河的民夫万余人，开挖颍州的沟渠，疏浚治理颍州西湖。到他调任扬州的时候，这个工程还没干完。后来，苏轼在扬州任上，赵令畤向他报告颍州西湖的治理工程完工，他写下了《轼在颍州，与赵德麟同治西湖，未成，改扬州。三月十六日，湖成，德麟有诗见怀，次其韵》：

太山秋毫两无穷，钜细本出相形中。

大千起灭一尘里，未觉杭颍谁雌雄。

我在钱塘拓湖渌，大堤士女争昌丰。
六桥横绝天汉上，北山始与南屏通。
忽惊二十五万丈，老葑席卷苍云空。
揭来颍尾弄秋色，一水萦带昭灵宫。
坐思吴越不可到，借君月斧修瞳胧。
二十四桥亦何有，换此十顷玻璃风。
雷塘水乾禾黍满，宝钗耕出余鸾龙。
明年诗客来吊古，伴我霜夜号秋虫。

接着，东坡又写了《次韵赵德麟西湖新成见怀绝句》。四月，苏轼作《再次韵赵德麟新开西湖》：

使君不用山鞠穷，饥民自逃泥水中。欲将百渎起凶岁，免使甑石愁扬雄。

西湖虽小亦西子，萦流作态清而丰。千夫余力起三闸，焦陂下与长淮通。

十年憔悴尘土窟，清澜一洗啼痕空。王孙本自有仙骨，平生宿卫明光宫。

一行作吏人不识，正似云月初朦胧。时临此水照冰雪，莫遣白发生秋风。

定须却致两黄鹄，新与上帝开濯龙。湖成君归侍帝侧，灯花已缀钗头虫。

在这首诗的“欲将百渎起凶岁，免使甑石愁扬雄”之后，作者自注云：“去岁颍州灾伤，予奏乞罢黄河夫万人开本州沟，从之。以余力作三闸，通焦陂水，浚西湖。”

为什么说“颍州灾伤”呢？颍州这个地方，比杭州苦多了！当时灾民成群，大家没吃的，只能剥树皮、挖草根。年老体弱的活活饿死、病死或冻死，年轻力壮的只好当盗贼。大过年的大雪纷飞，老百姓无果腹之粮、无蔽体之衣。

东坡甫到颍州任上，便向签判赵令畤问计，然后散发了义仓的几千石米粮和作院（就是官家酒坊）的数万称的木炭，都是作官价卖给百姓，以解燃眉之急。

他又紧急上表，请求朝廷废止向淮河以南的百姓强征米柴的流通税。收税收得米柴流通不过来，老百姓迟早还得挨饿受冻。

这日，东坡手下的吏员赵令畤汇报说中书省刚刚下达公文，朝廷已经开挖八丈沟，让颍州府立即组织 18 万民夫待命。

当时陈州一带多水患，一些朝臣就想着从陈州向东开挖一条大沟，把水直接引入东海，所以要把陈州境内的八丈沟疏浚拓宽，再在颍州境内新挖 177 公里与之衔接，直通淮河。

事实上，这是一个想当然的拍脑袋工程。京城开封一带连年水患，地方官不考察根本原因，一味盲目治水，开挖沟渠注水于惠民河，又造成了陈州水患；然后，为了解除陈州水患，又有人主张开挖八丈沟，将陈州之水引入颍河。如若施工，将动用民工 18 万名，拨钱粮 37 万贯石。至于此举能否解决京城的水患，并没有人做过认真的调查研究。

苏东坡亲自带人去现场勘察。这些人手持尺子、长竿、纸笔，乘着大船，上至蔡口，下至江陂，对水文进行实地丈量。每 25 步立一竿，每竿用水平量见其高下尺寸，一共立了 5811 竿。沿途又访问父老乡亲，得出一个很不好的结论：

淮河汛期水位比打算开挖的地段高出一丈有余，如果开挖新沟，大汛时期，淮河水就会毫不客气地沿沟倒灌过来，颍州将成泽国，百姓或为鱼鳖。

苏东坡夜不成寐，奏本直送京城，却被压了下来。他不罢休，又连上两本，终于上达天听，到了太皇太后手里。太皇太后下诏，停止了八丈沟工程。好险！

这个拍脑袋工程停了，苏东坡很高兴，荡舟颍河，随口吟诗：

我性喜临水，得颍意甚奇。
到官十日来，九日河之湄。
吏民笑相语，使君老而痴。
使君实不痴，流水有令姿。
绕郡十余里，不驶亦不迟。
上流直而清，下流曲而漪。
画船俯明镜，笑问汝为谁？

正吟得高兴，迎面一艘大船冲起的浪花把他的小船打得飘飘摇摇，他坐不稳，帽子也歪了，可他若无其事地接着吟：

忽然生鳞甲，乱我须与眉。
散为百东坡，顷刻复在兹。
此岂水薄相，与我相娱嬉。
声色与臭味，颠倒眩小儿。
等是儿戏物，水中少磷淄。
赵陈两欧阳，同参天人师。
观妙各有得，共赋泛颍诗。

元祐七年（公元 1092 年）二月，东坡被调往扬州，以龙图阁直学士充淮南东路兵马钤辖知扬州军州事。

这一年，江淮地区洪水成灾，大片田地无人耕种，家家户户粮食短缺，虽有粮种却无牛可使，有的灾民饿死了，侥幸活着的也骨瘦如柴。

饶是如此，地方官蔡京不想着救万民于水火，还在筹办万花会。

万花会由洛阳始。花开时，男女老幼争相四处赏花，人流如潮，车尘遮空，笙歌乐舞，不可终日。蔡京引进洛阳办牡丹万花会的做法，每年用十几万枝芍药花在扬州办起了芍药“万花会”。

《东坡志林》记载：

扬州芍药为天下冠，蔡繁卿为守，始作万花会，用花十余万枝，既残诸园，又吏因缘为奸，民大病之。予始至，问民疾苦，以此为首，遂罢之。

为什么“民大病之”？

因为百姓有缴纳芍药花的任务，有花的出花，没花的出钱，又没花又没钱的出力，以致万民不安。

衙门派人到处采花，然后精选出千万朵来，编成花墙，又到处把花插起来、挂起来，让人抬头即见花的海洋。百姓本来为了完成缴纳芍药花的任务而精心侍弄的花，却被这些人狗仗人势到处糟蹋，实在没办法了只能贿赂他们，他们就乘机敲诈勒索。

东坡一纸严令，“公判罢之，人皆鼓舞”。

如今青苗税仍在施行，百姓越是丰收，收税越重。钱交不上去，自己和家人就要进监狱。如果不丰收，不是逃荒，就是饿死。东坡上表请求罢免百姓陈年积欠的官债，可是朝廷不肯。因为朝廷没钱，西北又在打仗。

东坡请求太皇太后颁一道圣旨：

臣敢昧死请内降手诏云：“访闻淮浙积欠最多，累岁灾伤，流殍相属，今来淮南始获一麦，浙西未保丰凶，应淮南东西、浙西诸般欠负不问新旧，有无官本，并特与权住催理一年。”使久困之民，稍知一饱之乐。

他还附上详细的处理民欠官债的条文。

这奏章到了太皇太后手里，太皇太后命令中书省速办，可是一个月后，户部告诉苏东坡，原来的本章丢了，让他再上一份。苏轼就再上了一份，但是两年后都没有收到回复。

东坡在扬州太守任上待了不到半年，又被调回京城担任兵部尚书，兼差充南郊卤簿使并兼侍读。官越当越大。

他在回京当年的南郊大典上，即以卤簿使的身份引导圣驾。皇宫的车驾在乾明寺前争道抢行，百官跪拜让道，苏东坡也不客气，即刻写本章上奏，太皇太后次日下诏，命令仪仗车卫自皇后以下，不得擅行中道，百官也不需要拜迎。

紧接着，苏东坡又被改迁为端明殿学士兼翰林侍读学士左朝奉郎礼部尚书。

这么一步一步往高里去，很快就能当宰相了。很多人都睡不着觉。

此时，东坡的孩子们都长大了，苏迈年过三十，苏迨和苏过也都成了二十多岁的年轻人。欧阳修的孙女嫁给了苏迨。

元祐八年（公元 1093 年）秋，王闰之病逝。

王闰之嫁给东坡，就像跟着东坡坐过山车：夫君一时升了，一时降了；一时被抓，一时被放；一时光荣，一时屈辱；一时热闹，一时寥落。东坡宦游，她跟条鱼似的，也永远跟着东坡游动不居，去过杭州、密州、徐州、湖州、黄州……

想起妻子这些年受过的苦，东坡心头悲伤，写下这首词：

蝶恋花

泛泛东风初破五。江柳微黄，万万千千缕。佳气郁葱来绣户，当年江上生奇女。

一盏寿觞谁与举。三个明珠，膝上王文度。放尽穷鳞看圉圉，天公为下曼陀雨。

他夸闰之是“当年江上生奇女”，他赞闰之待三个孩子一视同仁，“三个明珠，膝上王文度”。东晋王坦之，字文度，尚书令王述之子。《世说新语》记载其父溺爱，长大犹置膝上论事，“膝上王文度”指极爱子。

漫天曼陀花雨，她是他眼里最美的女子。

又为妻子作《祭亡妻同安郡君文》：

昔通义君（注：朝廷后来对王弗的追封），没不待年。嗣为兄弟，莫如君贤。妇职既修，母仪甚敦。三子如一，爱出于天。

从我南行，菽水欣然。汤沐两郡，喜不见颜。我曰归哉，行返丘园。曾不少须，弃我而先。孰迎我门，孰馈我田。已矣奈何，泪尽目干。旅殡国门，我实少恩。惟有同穴，尚蹈此言。呜呼哀哉！

在祭文里，他仍旧在反复赞美妻子的美好德行："妇职既修，母仪甚敦。三子如一，爱出于天。"

苏轼不愿意做家事，一切都推给她来料理，他跑到山里找和尚下棋。他想喝酒，找她想办法，她就从床底下拖出早就藏好的酒坛子。他把孩子们一概交托于她，她替他养得好好的，一视同仁。他宦游到哪里，她就带着孩子们跟他到哪里。

如今，她离他而去。他回来，谁在门口迎接？他在田里耕种，谁来给他送饭？思来想去，为她把眼泪哭干。他想，只有和她死后同穴，方能安慰自己这颗伤痛的心。——葬礼过后，苏夫人的灵柩停在寺院。十年后，苏轼故去，夫妻合葬。

王闰之去世一个月零两天后，高太皇太后也薨逝了。

她死了，旧党强盛的元祐时代结束了。

苏东坡的顺风车没了，保护伞也没了。

凛冬将至。

第七章

彻底离开

人 间 有 味 是 清 欢

第一节　一贬二贬

苏轼马上请求外放。他的奏本一上，朝廷连基本的挽留过场都没走，直接让他走人。他走的时候，连向小皇帝面辞都不允许。

苏轼以端明殿学士兼翰林侍读学士、吏部尚书出知定州。

到定州后，官妓在酒席宴上请苏轼为音乐《戚氏》作词。东坡和座上客人一边谈论穆天子事，妓女一边唱，他一边随声击节，文不加点，笔不停挥，歌止而词毕。

玉龟山。东皇灵媲统群仙。绛阙岧峣，翠房深迥倚霏烟。幽闲。志萧然。金城千里锁婵娟。当时穆满巡狩，翠华曾到海西边。风露明霁，鲸波极目，势浮舆盖方圆。正迢迢丽日，元（或作“玄”）圃清寂，琼草芊绵。

争解绣勒香鞯。鸾辂驻跸，八马戏芝田。瑶池近、楼画隐隐，翠鸟翩翩。肆华筵。间作脆管鸣弦。宛若帝所钧天。稚颜皓齿，绿发方瞳，圆极恬淡高妍。

尽倒琼壶酒，献金鼎药，固大椿年。缥缈飞琼妙舞，命双成奏曲醉留连。云璈韵响泻寒泉。浩歌畅饮，斜月低河汉。渐渐绮霞、天际红深浅。动归思、回首尘寰。烂漫游、玉辇东还。杏花风、数里响鸣鞭。望长安路，依稀柳色，翠点春妍。

作词归作词，东坡可没忘了正事。

定州当时是前线，辽国这个强邻在侧，照理说定州早该有重兵屯集，随时处于战备状态才对，可是东坡来这里一看，军营破破烂烂，士兵懒懒散散，时不时还传来骰子撞击桌面的声响和士卒、军官兴高采烈的赌博声、饮酒声。

官兵走在街上倒是很威风，面对着百姓个顶个的是虎狼，甚至抢掠财物，杀良冒功，一旦面对敌人就变成了猪羊。

东坡大力整治军队，惩治贪污，禁止赌博，惩治酗酒。从现在开始，把营房修整齐，把军纪遵守好，把士兵操练起来！

东坡一向是能张得开嘴跟朝廷要粮要钱的，这次也不例外，他照样向朝廷上《乞增修弓箭社条约状》和《乞将度牒修定州禁军营房状》。

要钱，要粮，要政策。

又上《乞减价粜常平米赈济状》，求为百姓平抑定州米价。

哲宗亲政次年，即绍圣元年（公元 1094 年），重新恢复新法，罢免宰相范纯仁、吕大防、苏辙等旧党，重新起用章惇为尚书左仆射兼门下侍郎。凡是元祐年间废除的役法，全部恢复。

章惇提拔蔡卞、林希、黄履、来之邵、周秩、翟思、上官均等人居要职，互相拉拢，朋比为奸，公报私仇。

章惇本来就敢说话，这回他更是说“元祐之初，老奸擅国”，矛头直指已故的高太皇太后。他又请哲宗下令，挖司马光、吕公著的坟，劈开棺木，扬尸暴骨，哲宗不同意。章惇仍旧把他们两度降级，生前的爵位和荣衔一并剥夺。他们的子孙免官销俸，司马光坟墓上的荣誉牌坊被拆，太皇太后赐的碑文被磨平。司马光主编的《资治通鉴》幸亏当年由皇帝赐序，才得保全。

章惇又开始左勾右连，替旧党罗织罪名，竭力要置这些人于死地。

这其中，蔡京是他的干将，在代理户部尚书任上，用火速的效率，恢复了王安石时代的募役法。

保守派被好一番整治，保守派官员不是被杀就是被贬，章惇又商议派遣吕升卿、董必察访岭南，尽杀已经被流放的人。司马光以下共309人的所谓罪行被刻碑为记，立于端礼门，称为元祐党人碑。

宋哲宗虽然年轻、叛逆，但是对于章惇的这种毫无顾忌、明目张胆的倒行逆施也看不下去了，出面制止，不许他随便杀戮大臣。

章惇又暗中勾结宦官郝随，上疏请追废宣仁太后——也就是高太皇太后，遭到皇太后、太妃们极力反对，于是哲宗焚其奏章。第二天上朝，章惇又提此事，哲宗忍不下去了，厉声呵斥："卿等如此作为，是不想让朕死后见英宗皇帝吗？"

章惇于是不敢再提。

他又陷害元祐年间宣仁太后所立的孟皇后，劝哲宗使用掖庭秘狱，将孟皇后废居在了瑶华宫。事后，哲宗十分后悔，常独自长叹："章惇坏我名节。"

章惇这种天不怕地不怕的性子，在当初能够不顾性命去留字时就已经显露出来，苏东坡没看错他。

东坡原来和章惇是朋友，章惇也已不顾情分。章惇不是要报复旧党，他简直是在报复社会。同一阵营的人都看不下去了，劝他不要过为已甚，他置若罔闻。

于是苏东坡被降了一级，调任英州太守。

亲朋好友都吓一跳，难道这是又要来一次乌台诗案的前奏？

大家纷纷来看望东坡，安慰他，劝诫他，让他今后不可再乱说话。东坡相较乌台诗案之时，更见许多风波，不复当日惶恐，他笑了："又不是赐自尽，何至于此。"

东坡尚未抵达京师呢，二贬的诏书下来了，着他"宁远军节度副使、惠州安置"。

从河南开封到广东惠州，又要长行。

此时，苏辙已经被贬到汝州去了。

苏轼去看望苏辙，让弟弟帮忙想办法凑些路费。苏辙给哥哥匀出了七千缗铜钱。

东坡是这样打算的：在宜兴买一套房子，家人在此过活，他自己带上苏过和朝云去惠州。

结果，他刚从弟弟那里离开，路上又接到旨意：他的官位再降一等，落左承议郎、责授建昌军司马，还是惠州安置，而且不得签书公事。

东坡上表辞行，皇帝准许他乘船南下。他先要把全家人送去宜兴，结果所乘官船夜宿分风浦，发运司长官派士兵夺他的船，要撵他一家人下船去。对待一个被一贬再贬、起复无望的官员，人人都是可以踩上一脚的。

半夜三更，下了船去哪儿安身？他央求人家允许他自己摇橹过江，然后就地买舟。他的请求倒是被允许了，可是第二天中午，人家就要把船收回去。他们自己摇橹过江，时间上怎么来得及？

东坡焚香祷告，求龙王帮忙。话音落地，呼呼地刮过阵阵强风，一路顺风把他的船吹得满帆，早饭未熟，船已到岸。东坡在返程的时候，特地写祭文拜谢了一下龙王。

家人安顿妥当，东坡带上朝云和苏过，还有两个仆妇，继续长行。他的门人张耒如今官居靖州太守，派了两个老兵一路护送。

东坡有一个好友，叫林希。当年哲宗即位后，宰相蔡确想让东坡担任起居舍人，东坡却力荐林希，虽然蔡确不允，足见东坡盛情。

东坡和林希的诗文酬唱有许多，林希和苏轼、苏辙两兄弟交情都很深厚，他曾给苏辙写过一联：

父子以文章冠世，迈渊、云、司马之才。
兄弟以方正决科，冠晁、董、公孙之对。

元祐六年，苏轼从杭州调任吏部尚书时，途经润州，当时林希是润州太守，热情款待苏轼。座中营妓郑容、高莹出牒，林希命呈牒于苏轼。苏轼见牒上乃二妓女请求落籍、从良，苏轼援笔题写《减字木兰花》：

郑庄好客，容我尊前先堕帻。
落笔生风，籍籍声名不负公。
高山白早，莹骨冰肌那堪老，
从此南徐，良夜清风月满湖。

这首藏头词的首字联起来，是两句话：“郑容落籍，高莹从良。”林希给苏轼面子，准二人所请。

章惇上台后，向皇帝三荐林希，于是林希后来担任了中书舍人，“修《神宗实录》兼侍读”，主管吏、户、礼、兵、刑、工六房的各项文书，并为皇帝起草诏令。

贬斥苏轼、苏辙等人的诏令，就是林希起草的，就连贬斥司马光、刘挚等人的诏令，也是他起草的，“词极其丑诋，至以‘老奸擅国’之语阴斥宣仁，读者无不愤叹。一日，希草制罢，掷笔于地曰：‘坏了名节矣。’”就是说“老奸擅国”虽然是章惇的意思，却是由林希的嘴里说出来的。林希自己也知道坏了名节。

东坡的贬谪诏书，他是这样起草的：

……朕初嗣位，政出权臣，引轼兄弟以为己助。自谓得计，罔有悛心，忘国大恩，敢肆怨诽。若讥朕过，何所不容，乃代予言，诬诋圣考，乖父子之恩，害君臣之义。在于行路，犹不戴天……

就是说，朕当初刚刚即位，一切政令都出于权臣。朕把苏轼兄弟当成自己的助力，他们却自以为得计，一点惧怕都没有，忘了国家给他们的大恩，肆行埋怨诽谤。如果他们只是讥刺朕的过失，朕又有什么不能容忍的？可是他们居然代我发言，诬蔑先皇，使父子之恩背离，又残害君臣之义。就是行路之人，互不相识，他们做出的这些事情，人家也和他们不共戴天……

甚至连苏洵和苏辙一起骂：“父子兄弟挟机权变诈，警愚惑众。”

苏辙气哭了：我们兄弟有罪也就算了，我们的父亲有什么罪？

苏轼却笑了："林希也会作文章了。"

后来，建中靖国元年（公元1101年），宋徽宗即位，东坡遇赦归来，行至江苏仪征，听说林希已经病死扬州，他百感交集："林子中病伤寒，十余日便卒，所获几何，遗臭无穷，哀哉！哀哉！"

他自己这样的境遇，他笑得出来；别人坏了名节，他笑不出来。

章惇真是疯了。

和他有仇的，流放充军，然后一个接一个地死去，死因不明。那些死在路上的，他甚至不允许他们归葬祖茔。

文彦博四朝为官，活到九十一岁高龄，也遭降级罢黜。

范仲淹的儿子范纯仁高风亮节，太皇太后临死，他是托孤大臣之一。章惇上台，范纯仁辞官归隐。章惇不想放过他，要把他一起流放，皇帝说他又不是元祐党人。章惇说他虽然不是元祐党人，但是他用辞官的方式来表示对如今朝政的反对和不服，说明他和元祐党人一个鼻孔出气。

皇帝没听他的，允许范纯仁辞官居家。

可是，七十多岁既病且老的吕大防被流放在外，范纯仁冒死上书，家人劝都劝不住，于是，他和家人也被流放了。一路上，一家人不住口地骂章惇，范纯仁也不说话。翻船落水，他被救上来，还开玩笑："难道这也要怪章惇吗？"

后来，新君即位，范纯仁遇赦而回，家里十多个人已经贫病交加而死，他自己也死在归途。

事件在一步一步地升级。

朝廷开始彻底清算旧党，特设机构，把由神宗元丰八年（公元 1085 年）至哲宗元祐八年（公元 1093 年）高太皇太后摄政的九年期间，所有的官方资料都加以甄别，凡是反对王安石的财政经济政策的，都以毁谤神宗论罪。

苏东坡倒霉地成了被贬岭南的第一个人。哲宗绍圣元年（公元 1094 年）十月二日，苏东坡抵达惠州。

在苏东坡的时代，惠州是苦热瘴气厉疫之地。

广州太守章质夫、惠州太守詹范、博罗县令林抃、表哥程之才都和他争相结交。

程家本来已经和苏家绝交多年，而且程之才如今被派作广南提辖刑狱，就是章惇的主意，章惇是想让苏东坡的仇家来治害苏东坡，没想到，光阴淘洗，旧仇渐消，程之才和苏东坡倒处得好了。

苏东坡给程之才写了一封措辞友好的信，程之才也特来惠州探望他，且请他为自己的曾祖父（也就是东坡的外曾祖父）作一篇墓志铭。这样一来，也算是消弭了旧怨。

东坡来惠州的第二年，岭南正赶上大丰收，造成谷价下跌，谷贱伤农——缴纳政府税赋要用真金白银，原本欠的一斗粮税，现在要卖两斗粮谷才能抵偿。东坡给程之才写信指出积弊，建议依谷物市价向百姓征税。

他还收敛了无主野坟的骸骨重新安葬，写祭文以告慰。又在惠州城西修放生池。

他把以前自己治理地方的经验带来，传授给当地官员，但是嘱咐官员保密，怕他们受牵累。

东坡是个“基建狂魔”，走到哪儿都喜欢搞建设。如今惠州要建东西新桥，他伸不了太长的手，却也把自己珍藏多年的犀带献出去，赞助工程。

物质财富在东坡手里的下场，那就是三个字：撒手没。

苏辙怕哥哥受苦，居然给东坡送来一票黄金——苏辙的夫人史氏当年身为诰命夫人，入宫朝见太后，太后必定有所赏赐，赏赐的黄金全被他拿来送给哥哥。然后，苏东坡把弟弟给的黄金也全部捐赠出去了。哥儿俩一对撒手没。最后，就都穷得喝西北风。东坡一边喝西北风，一边作诗：

纵笔三首其一

寂寂东坡一病翁，白须萧散满霜风。

小儿误喜朱颜在，一笑那知是酒红。

有人说，他居然还能买酒，看来不缺钱。其实他要借别人的菜地种菜来哄肚皮，家里没米没面，而且他的存酒也很快喝完了。

他的朋友们知道他穷，跑来看望他的时候，都带着礼物。恰至年底，他算是过了一个不错的年。

太守詹范隔三岔五地派自家厨子来东坡家做菜，东坡则隔三岔五地跑城西湖边朋友家喝酒。博罗县令林抃、杭州僧人参寥、常州的钱世雄，都给他捎书、捎药、捎东西。

陈季常写信说要来看望他，他回信说别来了，我挺好的，你安生在家待着吧，都这么大岁数了。

道教奇人吴复古和他同住数月，又在惠州和高安两地往返。在惠州和他住，在高安和苏辙住。

同乡道士陆惟谦跋涉两千里来看他——他给陆维谦写信，夸这里的桂酒好，不啻仙露，引得陆维谦口水长流，就来了。

有个老人叫巢谷的，七十三岁了，给家人留下遗书，然后徒步万里，就是想来见他一面。结果，在路上行李被偷走了，小偷在新州落网，老人去新州取行李，死在了那里。

一个老和尚，法号奉忠，也要来岭南见东坡，结果病了，在贵州南山寺养好了病，不屈不挠，继续上路。

这天，东坡家里来了一个叫花子，衣着破破烂烂，赤着双足，说一口本地人听不懂的方言。

这个人叫卓契顺，苏州定惠院居士，听到来定惠院喝茶的常州人钱世雄说起，好友苏东坡的儿子苏迈有一封家书要送给发配惠州的父亲，但是自己脱不开身。

卓契顺说，那我去呗。

别人说，惠州可是远得很。他说，再远又不在天上。

于是他就上路了。

走啊，走啊，路越走越难行，天气也越来越热，野兽毒虫越发多。有时候迷了路，想问路都不成，别人说话他不懂，他说话别人也听不懂。

就这样冷冷热热的，他病倒了，在一户山民家躺了半个月，刚好一些，又上路了。有强盗截住了他，看他穷得可怜，居然送他两双草鞋。

这天，他终于到了惠州，就是这样一个穿得破破烂烂的叫花子模样。这个叫花子得知眼前的人就是苏东坡，哗啦从怀里掏出一封信。

东坡问："你这么远过来，想要点什么？"

他说："我若有所求，就去汴京城了。"

书《归去来辞》赠契顺

余谪居惠州，子由在高安，各以一子自随，余分寓许昌、宜兴，岭海隔绝。诸子不闻余耗，忧愁无聊。苏州定慧院学佛者卓契顺谓迈曰："子何忧之甚，惠州不在天上，行即到耳，当为子将书问之。”绍圣三年三月二日，契顺涉江度岭，徒行露宿，僵仆瘴雾，黧面茧足以至惠州，得书径还。余问其所求，答曰：“契顺惟无所求而后来惠州；若有所求，当走都下矣。”苦问不已，乃曰：“昔蔡明远鄱阳一校耳，颜鲁公绝粮江淮之间，明远载米以周之。鲁公怜其意，遗以尺书，天下至今知有明远也。今契顺虽无米与公，然区区万里之勤，傥可以援明远例，得数字乎?”余欣然许之。独愧名节之重，字画之好，不逮鲁公，故为书渊明《归去来辞》以遗之，庶几契顺托此文以不朽也。

我被贬居住在惠州，子由被贬到高安，各有一个儿子跟在身边，其他两个儿子分别在许昌、宜兴居住，隔着千山万水，孩子们都没有我的消息，很是忧愁烦闷。苏州定惠院学佛者卓契顺告诉苏迈：“你何必这么担忧，惠州又不在天上，走过去总可以走到，我一定替你向你父亲要封书信。”

绍圣三年三月二日，契顺渡江越岭，步行露宿，曾累得身体僵硬而倒在瘴气中，蓬头垢面，双脚长满茧子。来到惠州，拿到我的信就要回去。我问他有什么要求，契顺回答说：“我没有任何要求才来惠州的，如果有要求，就应该跑去京城里。”几番苦苦相问，契顺才说：“从前，蔡明远只不过是鄱阳的一个校官，颜真卿在江淮间没有粮食，明远大老远地载着大米去帮助鲁公，鲁公敬佩他的壮举，将这件事情写到书里，直到现在，大家都还知道明远这个人。现在契顺（我）虽然没有米给您，也仅仅走了几万里，如果可以像明远那样，得到先生的几个字可以吗?”我很高兴地答应他。只是很惭愧，无论是名节还是字画，我都不及鲁公，所以抄写陶渊明的《归去来辞》送给他，希望这些文字能让契顺流芳百世。

世上有明月清风，亦有无垢人心。

人与人的心心相印，亦如桃花点洒，印红水面。

东坡想吃肉而囊无余钱，于是就买人家杀羊卖羊后剩下的羊脊骨，骨头缝里有一点微肉，煮熟浸一点酒，洒一点薄盐，火烤到微焦啃食，如食蟹腿蟹螯。数日食一次，自觉好滋味，就是有一样:“众狗不悦矣。”

他一如既往地爱吃肉，好喝酒。他在定州试着酿过橘子酒和松酒，在这儿又酿了桂酒，不见得有多好，但是他就是觉得好，好到什么程度呢?说这种酒如果喝饱了，可以在天上飞、水上走。

他还给朋友在信里讲“真一酒”的做法:以白面粉、糯米、清冽的泉水为原料，做成之后，酒色如玉。

东坡身故后，有人问他的两个儿子苏过和苏迈，东坡酿出来的酒真的那么好喝吗?二人大笑，苏过说:“先父酿酒只是喜欢酿酒罢了，桂酒尝着就好比是屠苏酒。”

东坡逐渐适应了惠州的生活，觉得这里“风土食物不恶，而吏民相待甚厚”。

记游松风亭

余尝寓居惠州嘉祐寺，纵步松风亭下，足力疲乏，思欲就林止息。望亭宇尚在木末，意谓是如何得到？良久忽曰：“此间有甚么歇不得处！”由是如挂钩之鱼，忽得解脱。若人悟此，虽兵阵相接，鼓声如雷霆，进则死敌，退则死法，当恁么时也不妨熟歇。

我啊，曾经住在惠州的嘉祐寺。这天，信步走到松风亭下，腿酸疲乏，特别想找个地方躺下。抬头望向松风亭，还在高处，心想这么高，可怎么爬得上去？就这样想了一会儿，忽然说：“这里为什么就不能休息呢？”于是心好像挂在鱼钩上的鱼儿，忽然一下子就得到了解脱。如果人们都能领悟随遇而安的道理，哪怕是两阵对峙，战鼓声声，想到前进杀敌也是死，逃跑受到军法处置也是死，到那时，一样能放下顾虑，很好地休息休息。

第二节　北归无望

绍圣二年（公元 1095 年）九月，皇家祭祖大典，按惯例应当大赦天下，可是元祐诸臣却不在大赦之列，东坡的心安定了。既然北归无望，那么，就在此地终老吧。

他的盖房之心又蠢蠢欲动了：家人如今远在宜兴，也该接到身边来过活了。如今三个儿子都娶了妻，自己也是偌大一个家庭的老太爷了。

于是，东坡开始在河东白鹤峰造房子。那里已经有了两户人家：东邻是酿酒的林行婆、西邻是翟秀才。

他盖了二十间房子，又在空地种满了橘树、柚树、荔枝树、杨梅树、枇杷树、桧树和栀子树。

这可是一个大工程。到上梁那天，邻居们都来向他道喜。周遭转着看看，东坡心里不胜欢欣：东边的山上有寺院，钟声悠悠，可穿林渡水而至；西边有河，河上有桥，桥上有人，人在看风景，他在看那看风景的人；南边有清清溪流，映着树影；北方有河流绕镇，抱山流去，闲来垂钓，钓得上来鱼可以吃，钓不上来鱼可以看风景。他看风景，就是不知道有谁看那个一边钓着鱼，一边走神看风景的人。

光阴安好，遐福永年。

可是，朝云去世了。

苏东坡的日子，好时好比陌上花，他和朋友都是那赏花的人；坏时坏如野蒺藜，挂住的是他和他的家人的衣裳。

王朝云，杭州人，给苏东坡诞育过儿子，却始终没有被扶正。东坡到惠州时已经六十来岁，朝云才三十岁，东坡说她是“天女维摩”。

《维摩诘经》说有菩萨讲法，此时维摩诘室有一天女，见诸天人，便现其身，遍撒天花。花落在诸菩萨身上，纷纷堕落；落在大弟子身上，遍身天花。诸弟子们运起神通术法，想令花落，花不能落。

于是，天女问舍利弗，为什么你们一定要把花去掉？舍利弗答此花不是佛法，应当去掉。天女说花和佛法无分别，是你们的心中自生分别。众菩萨已去分别念，所以花不沾身；你们心中生分别念，故花着身不落。

东坡夸朝云为天女维摩，是讲她纯净不染尘，物我无分别心。此时的朝云，已经是一个虔诚的佛教徒了。

《林下词谈》记载：

子瞻在惠州，与朝云闲坐，时青女初至（即秋霜初降），落木萧萧，凄然有悲秋之意，命朝云把大白，唱“花褪残红”。朝云歌喉将啭，泪满衣襟。子瞻诘其故。答曰：“奴所不能歌，‘枝上柳绵吹又少，天涯何处无芳草’也。”子瞻翻然大笑曰：“是吾正悲秋，而汝又伤春矣。”遂罢。朝云不久抱疾而亡。子瞻终身不复听此词。

朝云将要唱一个“花褪残红”，因时因景衬，不由潸然。东坡尚且豁达大笑，取笑他是悲秋，而朝云伤春。殊不知朝云当日怕是已知身体疾病起，将要抱疾亡，抑或丧子之后，始终心情郁郁，想要与这人世分离，却不忍唱哀音。

朝云享年三十四岁，有人推测她死于时疫。她临死前诵《金刚经》偈语：

一切有为法，如梦幻泡影，
如露亦如电，应做如是观。

当时，东坡的新居尚未落成。

东坡为她作词：

殢人娇·或云赠朝云

白发苍颜，正是维摩境界。空方丈、散花何碍。朱唇箸点，更髻鬟生彩。这些个，千生万生只在。

好事心肠，著人情态。闲窗下、敛云凝黛。明朝端午，待学纫兰为佩。寻一首好诗，要书裙带。

满头白发，满面苍苍，恰好是维摩无欲无垢的清净境界。空空小室，天女散花亦无妨碍。红唇似由箸点，年少时的发髻改换，愈发光彩。这些事情，千辈子万辈子我的心里都在。

热心做事，胸怀热切，表现在人的情态。闲窗之下，梳发凝眉。明日就是端午节，要学着编织兰草来做佩带。还要找一首好诗，写在裙带上。

东坡时时刻刻都在忆念当初朝云的貌美娇憨，起首却是“白发苍颜，正是维摩境界”。是不是维摩境界不知道，但是朝云才三十多岁，不该是这个样子。十二岁入苏门，跟着东坡跌宕一生，更兼丧子惊痛，把这个女人心血熬干，因而华发苍颜。

朝云诗（并引）

世谓乐天有粥骆马放杨柳枝词，嘉其主老病不忍去也。然梦得有诗云：春尽絮飞留不得，随风好去落谁家。乐天亦云：病与乐天相伴住，春随樊子一时归。则是樊素竟去也。予家有数妾，四五年相继辞去，独朝云者随予南迁。因读乐天集，戏作此诗。朝云姓王氏，钱唐人，尝有子曰幹儿，未期而夭云。

不似杨枝别乐天，恰如通德伴伶玄。

阿奴络秀不同老，天女维摩总解禅。
经卷药炉新活计，舞衫歌扇旧因缘。
丹成逐我三山去，不作巫山云雨仙。

唐代诗人白居易，字乐天，他有一个能歌善舞的侍妾樊素，尤其善于歌杨枝。白居易年老体衰后，樊素离他而去。东坡也是一老翁了，而且看样子会终老南国异域，再无翻身可能，他家里数妾，四五年间相继告辞离去，朝云却一路相随，患难与共。可是如今，朝云先去了。

朝云死后，东坡特为其作了一首咏梅词：

西江月

玉骨那愁瘴雾？冰肌自有仙风，海仙时遣探芳丛，倒挂绿毛幺凤。

素面翻嫌粉涴，洗妆不褪唇红，高情已逐晓云空，不与梨花同梦。

一身玉骨，哪里会愁瘴雾上身，一身冰肌，自有仙人之风。海上仙人时时遣来探视芬芳花丛，好似那绿羽倒挂的雏凤。

素面并不施铅粉，怕被粉污，妆面洗去却洗不去朱唇的红。高情已经追随晓云而去，不与梨花一同入梦。

东坡赞朝云一身“玉骨”，不惧岭南“瘴雾”。说她玉肌如雪，风韵如神。素面无须涂粉，洗妆唇色照红。奈何斯人已逝，梅花已逐冬雪去，不与梨花伴梦眠。他满心哀怜，把朝云葬在惠州西湖孤山南麓，栖禅寺大圣塔下的松林中。

据说三天后，夜里刮大风、下大雨，第二天有人看见她的坟墓旁有巨大的足迹，人们都说她被佛接走了。

说起来，惠州其实没有西湖，这里以前叫“丰湖”。东坡爱它的景色，又想起自己曾经疏浚杭州西湖、颍州西湖，于是把这里也叫作“西湖”，所谓“北客几人谪南粤，东坡到处有西湖”。宋朝诗人杨万里作诗：“三处西湖一色秋，钱塘颍水与罗浮。”

惠州的僧侣募款在朝云墓上修了一座亭子，起名“六如亭”，以纪念朝云。“六如”，即佛家金刚经“六如偈”：如梦、幻、泡、影、露、电。世上一切事，应做如是观。

亭柱上有苏东坡亲撰的楹联：

不合时宜，惟有朝云能识我；
独弹古调，每逢暮雨倍思卿。

东坡夜里做梦，梦见朝云为幼儿喂奶，衣衫尽湿，问她原因，她自言“夜夜渡湖回家所致”。苏轼醒来悲伤，筑堤湖上，后人叫它“苏公堤”。

东坡此后一直独身。

如今，东坡的长子苏迈担任韶州仁化的县令，距离惠州不太远，所以把家眷迁来惠州。

苏过的家眷也一并带过来。

东坡准备终老惠州，但是，章惇看不过去。

就在东坡的新房落成两个月的时候，章惇又给他下了一道调令，让他去儋州，即如今的海南。

幸好宋朝没有杀文臣的先例，否则章惇随便找个罪名就捏死了他。

政敌的迫害对于旧党大臣来说从未停止。有的官员莫名死亡，有的官员子女身陷囹圄，有的官员被处死，而遭贬谪的官员再贬再迁。苏辙、秦观、郑侠都在再调迁的官员之列。

苏东坡在惠州白白盖了二十间房子，没住上，又得拔营。

他如今已经有了三个孙子，苏迈家两个，苏过家一个。最大的孙子成了家，二孙子也成年了，东坡给他娶了弟弟苏辙的外孙女。

东坡把全家留在惠州，只让小儿子苏过跟着自己，随身侍奉。

上船的时候，子孙们抱头痛哭。“子孙恸哭于江边，已为死别。”

东坡于绍圣四年（公元1097年）四月十九日从惠州出发，五月十一日在广西藤州遇到被贬雷州的弟弟苏辙，二人同行至雷州。

苏辙被贬雷州的时候，章惇不许苏辙住在官舍里面，命人把他赶出来。苏辙无奈，只能租住民房，他又趁机控告苏轼兄弟依仗官势、强租民房，幸亏苏辙一向办事谨慎，保存着租约。结果章惇后来被流放到这里的时候，也想租百姓家的民房，百姓不肯租给他。

有一个传说，说的是因为苏轼字子瞻，“瞻”与“儋”仅是偏旁不同，所以苏轼就被贬儋州了。

而苏辙字子由，“由”字与“雷”字的下部都是“田”，所以把苏辙贬到了雷州。

黄庭坚字鲁直，“直”字的下半部与“宜”字的下半部相似，所以黄庭坚被贬宜州……

贬得就是这么随便，旧党就是这么被拿捏。

苏轼、苏辙兄弟见面，到小饭摊吃糙面饼。苏辙吃不下，东坡三两口吃光，笑说：“这种美味，你是还想要细嚼慢咽吗？”

雷州太守张逢对他们兄弟又是接风又是送行，又是送酒送食，他还给东坡派了两个士兵随身服侍，又给苏辙在雷州用公款盖房子，结果第二天他就被革了职。

东坡渡海的时候，居然遇上秦观。

秦观倒霉是因为他是苏门四学士之一。这次，他从郴阳被贬海康，秦观说，老师你知道吗？我把自己的挽词都写好了。

东坡说，学生你知道吗？我把自己的墓志铭都写好了。

东坡在给好友广州太守王古（字敏仲）的一封信里写道：

某垂老投荒，无复生还之望。昨与长子迈诀，已处置后事矣。今到海南，首当作棺，次便做墓，乃留手疏与诸子，死即葬于海外……生不契棺，死不扶柩，此亦东坡之家风也。

我垂垂老矣，却被贬荒地，没有生还的希望。昨天已经和长子苏迈诀别，处置好了自己的后事。如今到海南后，我要做的第一件事就是做一副棺木，第二件事便是寻一处墓地。我已经给几个孩子留下手疏，死了便于海外埋葬。活着时不拒绝准备棺木，死之后不扶柩还乡，这也便是我东坡的家风了。

后来，元符三年（公元 1100 年），哲宗驾崩，徽宗即位，向太后临朝，旧党大臣又都被召回。秦观被宋徽宗复命宣德郎，放还横州。至藤州，游光华亭，秦观口渴想要喝水，等人送水至，他面含微笑地看着，就此去世。

想当年，苏轼自密州移知徐州，秦观前往拜谒，写诗道：“我独不愿万户侯，惟愿一识苏徐州。”第二年，他应苏轼之请写了一篇《黄楼赋》，苏轼称赞他“有屈、宋才”，也就是有屈原、宋玉那样的才气。二人同游无锡、吴江、湖州、会稽。

苏轼劝秦观参加科考，可是两次应考，他都名落孙山。元丰七年（公元 1084 年），苏轼路经江宁时，向王安石力荐秦观，王安石也赞许秦观的诗歌“清新似鲍、谢”。在两位文坛前辈的鼓励、称许下，秦观决心再度赴京应试，此后才步入仕途。东坡得知秦观死讯，叹息：“少游不幸死道路，哀哉！世岂复有斯人乎？”

至于为什么会在徽宗时代，旧党被纷纷召回，是因为哲宗去世后，向太后想立端王为皇帝，章惇明确表示：“端王轻佻，不可以君临天下。”向太后没听他的，坚决立了端王，也就是宋徽宗。徽宗上台后，立刻把章惇贬到海南岛，结果章惇死在那里，然后旧党就被召回了。

现在还说不到那时的事，六月十一日，东坡来到海南。

上岛后，由琼州向西而行，折而向南，于七月二日到达儋州贬所。

东坡在到达贬所之前，途中遇雨，作下他来到儋州后的第一首诗：

行琼儋间，肩舆坐睡，梦中得句云：千山动鳞甲，万谷酣笙钟。觉而遇清风急雨，戏作此数句四州环一岛，百洞蟠其中。我行西北隅，如度月半弓。
登高望中原，但见积水空。此生当安归？四顾真途穷。
眇观大瀛海，坐咏谈天翁。茫茫太仓中，一米谁雌雄。
幽怀忽破散，永啸来天风。千山动鳞甲，万谷酣笙钟。
安知非群仙，钧天宴未终。喜我归有期，举酒属青童。
急雨岂无意，催诗走群龙。梦云忽变色，笑电亦改容。
应怪东坡老，颜衰语徒工。久矣此妙声，不闻蓬莱宫。

岭南，是我国南方五岭以南地区的概称。秦末，天下大乱。公元前 208 年，赵佗封关、绝道；三年后，兼并桂林、象郡，统一岭南，于公元前 204 年建立南越国。汉武帝灭南越国，设九郡，儋耳即海南儋州，是九郡之一。

反正贬官贬到岭南也就到天涯海角了。

岭南的大部分地区属于亚热带湿润季风气候，雷州半岛一带、海南岛和南海诸岛属热带气候，总结起来就是四个字：高温、多雨。湿热无处可逃，终年雾气萦鼻，少见天朗气清。青黄不接之时，百姓食野菜度日。

许多年来，东坡一直在北方生活。如今已经老了，却来到了湿热之地，对他来说，确实是个很大的考验。

岭南天气卑湿，地气蒸溽，而海南为甚。夏秋之交，物无不腐坏者。人非金石，其何能久？然儋耳颇有老人年百余岁者，往往而是，八九十岁者不论也。乃知寿夭无定，习而安之，则冰蚕火鼠皆可以生。吾甚湛然无思，寓此觉于物表，使折胶之寒，无所施其冽；流金之暑，无所措其毒。百余岁岂足道哉！彼愚老人者，初不知此，如蚕鼠生于其中，兀然受之而已。一呼之温，一吸之凉，相续无有间断，虽长生可也。庄子曰："天之穿之，日夜无隙，人则固塞其窦。"岂不然哉。九月二十七日，秋霖雨不止，顾视帏帐，有白蚁升余，皆已腐烂，感叹不已。

这是他于公元1098年在海南写的文字。

他说，虽然岭南地势低而天气湿热，地气熏蒸，到了夏秋之交，没有不腐坏的东西，更何况人又不是金石，更是不能长久，但是，儋州能活一百多岁的老人经常能见到，能活到八九十岁的更是不用说。由此可知，长寿与夭亡并无定数，习惯这种天气，于这样的气候中安居，那么冰中蚕也好，火中鼠也好，都能生存。

然后，他拿自己的体会为例：我心中湛然，无甚思虑，只把感觉放在天地万物之表，使能够让胶都折断的严寒不能对我施加凛冽，使能够让金属流动的暑热不能对我施加毒辣，活到一百多岁又有什么难以达到的呢？那些愚笨的老人，起初并不知道这个道理，就像蚕和鼠生活在这种环境之下，只是硬生生地挺着罢了。如果能够呼气时随其温暖，吸气时顺其寒凉，持续不间断，就算是长生不老都是能够达到的。

为了给自己的理论找论据，东坡把庄子的话也引用进来，庄子说了："天地呼吸日夜不停，人却要固执地把自己的孔眼塞住。"难道不是这样的吗？

但是，他在豁达地安慰了自己一通后，紧接着又开始哀叹了：九月二十七日，入了秋，却霖雨不止，看看自己的帏帐，有一升多的白蚁，都腐烂了，不由让人不停地感叹。

这里的风俗在东坡眼里也十分怪异：

五岭以南地区的风俗都是喜欢杀牛，而海南最为厉害。客人从高州、化州用船载牛渡过海峡，一百头牛装一条船，遇到刮风，航行不顺，牛因干渴、饥饿交加而死的无法计数；牛上船时都发出悲哀的叫声，眼中流出眼泪。到了海南以后，被驱往耕田的牛与被屠宰的牛常常各占一半。

海南人生了病不吃药，只杀牛来祈祷，富有的人甚至要杀十多头牛。死去的人不用再说了，幸运而没死的，就归功于巫觋，他们把巫觋当作医生，把牛当作药物。偶尔有生病服药的人，巫觋就说："神仙发怒了，疾病不能再医治好了。"亲属都因此拒绝用药，禁止医生进入家门，直到人与牛都死了才罢休。

海南生产沉水香，沉水香一定要用牛来同黎人交换，那里的人得到牛以后都用来祭鬼。中原人用沉水香供奉佛祖、天帝，祈求福祉，这其实都是在杀牛啊，能得到什么福呢？可悲！

在东坡眼里，这里就是这么一片十分不开化的地方。但是，他仍旧能够找到快乐：

己卯上元，予在儋州，有老书生数人来过，曰："良月嘉夜，先生能一出乎"予欣然从之，步城西，入僧舍，历小巷，民夷杂糅，屠沽纷然。归舍已三鼓矣。舍中掩关熟睡，已再鼾矣。放杖而笑，孰为得失？过问先生何笑，盖自笑也。然亦笑韩退之钓鱼无得，更欲远去，不知走海者未必得大鱼也。

己卯上元年，我在儋州，有几个老书生过来对我说："如此好的月夜，先生能不能和我们一起出去呢？"我很高兴地跟从他们，步行到了城西，进入了僧舍，走过了小巷，各地的百姓聚居在一起，生活井然有序。回到家中已经三更了。家里的人闭门熟睡，睡得很酣甜。我放下拐杖，不禁笑了笑，什么是得，什么是失呢？苏过问我为什么笑，大概是自己笑自己吧！然而也是笑韩退之钓鱼没有钓到，想要到更远的地方钓鱼，却不知道到了海边也未必能钓到大鱼。

这里的夏天潮湿闷热，扇子呼啦呼啦地扇，扇出来的风也是潮湿闷热的，没地方去乘凉。秋天又有下不完的雨，刮不完的风。船只停航，运不来粮米，他和苏过爷儿俩只能煮苍耳来吃。

苏轼被任命为琼州别驾，"移送昌化军安置"。昌化驻军自已都没有什么固定的军营，东坡自然也没地方可以安置，所以，他所处的环境就是这样的：食无肉，病无药，居无室，出无友，冬无炭，夏无寒泉。

就有一件幸事，这里没有什么瘴气。

东坡的名气传扬内外，知琼州的驻军使张中倾慕他，给他想了一个办法，就假说官驿需要整修施工，暂停接待来往的客人，于是把这地方腾出来给东坡住了。

湖南提举常平董必奉命巡察广西，派人去看东坡住在哪里，结果发现东坡住在政府招待所。

其实，所谓的政府招待所顶多算是有片瓦遮身。年久失修，东坡半夜时分被雨水淋醒，张中动用公款修缮了一下，结果这下子不淋雨了，董必却把他赶了出来。东坡给朋友写信："初至做官屋数椽，近复遭迫逐。不免买地结茅，仅免露处。而囊为一空。困厄之中，何所不有？置之不足道，聊为一笑而已。"于是，东坡继续搞基建。买地！盖房！

他把自家能卖的家当都卖了，用来买衣买食，如今钱花得差不多了，用剩下来的一点儿钱，张中发动当地人给他盖了几间土房：把竹子砍下来，把茅草割下来，用竹子搭起一个大架子，再铺上茅草，两三天就能盖一座小茅屋。

苏东坡给他的小茅屋起名为桄榔庵，还写了一篇文。

桄榔庵铭并叙

东坡居士谪于儋耳，无地可居，偃息于桄榔林中，摘叶书铭，以记其处。

九山一区，帝为方舆；神尻以游，孰非吾居。百柱质赑，万瓦披敷；上栋下宇，不烦斤夫。日月旋绕，风雨扫除；海氛瘴雾，吞吐吸呼。蝮蛇魑魅，出怒入娱；习若堂奥，杂处童奴。东坡居士，强安四隅；以动寓止，以实托虚。放此四大，还于一如；东坡非名，岷峨非庐。须发不改，示现毗卢；无作无止，无欠无余。生谓之宅，死谓之墟；三十六年，吾其舍此，跨汗漫而游鸿濛之都乎？

没有纸和笔，这篇文是写在芭蕉叶之类的大树叶子上的。

哪怕盖的房子十分简陋，哪怕此地有海氛瘴雾和蝮蛇魑魅，可是，他也能够安定下来，踏实居住。他在这个简陋的茅草屋里视通千载，思接万里，文气如泉，畅涌不塞。

就因为帮助了东坡，张中被罢黜，困病而死。

董必把东坡赶出政府招待所，扭头又去雷州找苏辙的碴儿，说他强占民房，把他迁到惠州以东；又说雷州太守厚待罪臣，撤了雷州太守的职。

东坡可烦了，觉得董必真讨厌，于是他写了一篇寓言，说自己有一回喝醉了，被水怪请到了龙宫里，这里到处都是明晃晃的宝贝。龙王向他求诗，他一挥而就，虾兵蟹将赞美他写得好，可是鳖相公却说诗里有一个字犯了龙王的名讳，于是龙王大怒。

苏东坡写这么一篇故事，所为何来？只为了叹出这一句："到处被鳖相公断坏！"

"鳖"者，"必"也。鳖相公，董必也。

第三节 苦中作乐

东坡学会了和本地土著一样，用头顶着东西走路。这天邻居送他一个大西瓜，他就顶在脑袋上走，嘴里还乱七八糟地唱着歌。唱着唱着，诗兴来了：

西江月·世事一场大梦

世事一场大梦，人生几度秋凉。夜来风叶已鸣廊。看取眉头鬓上。

酒贱常愁客少，月明多被云妨。中秋谁与共孤光。把盏凄然北望。

世事如同做了一场大梦，人生也不过几次秋凉。夜里风吹树叶响动门廊，眉头鬓上发已成霜。

酒贱常常发愁客人来得少，月亮本来明亮，却总被云遮盖。中秋佳节谁来和我同赏这孤独的月光？端起酒杯，心头凄凉，望向北方。

本地人大多不识字，无人知道他是苏东坡，只知他是一个穿戴着借来的斗笠和蓑衣、踩着木屐、走在泥泞路上的老头儿。老头儿又好说话，谁跟他说话，他就跟人家说话；人家不理他，他也要找人家说话。

那个九十多岁的道士吴复古竟然跑来找东坡了。东坡的诗词也不知怎么的，又长翅膀飞回中原去了。这可不是好时候，他的人和作品都处于围剿之中。

他撰写碑文的石碑，砸！不是他撰写但是他题了碑额的，砸！私藏东坡诗词、文章者，罚！举报私藏东坡诗词、文章者，赏！先是赏一万钱，后来赏钱增加到八十万。结果赏钱越来越多，他的诗词、文章越传越广。比方说有一本书，书里仅收录了东坡的一首诗或者一首词，好了，这本书就被珍而重之地收藏起来，非至交亲友不给看。

文人士子聚会，一个人念念有词，背出东坡的一首诗，另一个人就面带不屑地清清嗓子，说你这算什么，听我的！然后他也念念有词，背出东坡的另一首诗。大家都没听过，纷纷问他这是东坡的吗？他说当然是了！这是他在儋州新作的！于是大家纷纷把崇拜的眼神投向他。

于是，就成了这个样子：到了宣和年间，苏东坡的墨宝一纸万金。一个叫谭稹的人，花费五万钱拓苏东坡的手迹石刻“月林堂”三字。金国与宋军打仗，烧杀抢掠，只要抢到了苏东坡手迹，马上运回去。

东坡逐渐适应了当地生活。当初他在惠州，写下“日啖荔枝三百颗，不辞长作岭南人”。如今，他爱吃荔枝、龙眼、香蕉、菠萝，也爱上了食蚝，还特写《食蚝》一文：

己卯冬至前二日，海蛮献蚝。剖之，得数升。肉与浆入与酒并煮，食之甚美，未始有也。又取其大者，炙熟，正尔啖嚼……每戒过子慎勿说，恐北方君子闻之，争欲为东坡所为，求谪海南，分我此美也。

别人送他的蚝，他一个个剖出肉来，入酒中煮熟，甚美，又把大的烤熟，吃起来有嚼劲。

他怕“北方君子”听说蚝之味美，会争着求着贬谪海南，抢他的蚝吃，所以反复告诫儿子苏过要保密，不要对别人说。

苦痛深重，他不觉得吗？

怎么会？但是他不怨天尤人，他会自己找快乐。

东坡在海南“独与幼子过处，著书以为乐”，他颇以此子为骄傲，“海外亦粗为书籍，六郎不废学”。

东坡是个大画家，儋州纸笔奇缺，他和苏过也要画些竹石，没有笔墨纸砚怎么办？

以鸡爪子作笔，自己采松烟制墨。苏过说：“家父并无什么制墨秘诀，仅是在海南岛无事，以此消遣而已。制墨名家潘衡来访时，家父和他在一间小屋里制墨，烧松脂制黑烟灰，半夜起了火，差点儿把房子烧掉。”结果花这么大代价制出来的墨并不好。虽然不好，潘衡回杭州居然卖起了用苏东坡秘方制出来的墨，比平常的墨价高出两三倍。

元祐三年（公元 1088 年），苏东坡任主考官时，和朋友李龙眠、黄庭坚、张耒等被关起来阅卷，不能出门。他们闲来无事，李龙眠画马，黄庭坚写鬼诗，苏东坡则如黄庭坚所载：

东坡居士极不惜书，然不可乞。有乞书者，正色诘责之，或终不与一字。元祐中，锁试礼部，每来见过案上纸，不择精粗，书遍乃已。性喜酒，然不能四五龠已烂醉，不辞谢而就卧。鼻鼾如雷，少焉苏醒，落笔如风雨。虽谑弄皆有意味，真神仙中人。

东坡制墨也好，钓鱼也好，或者是学着采药也好，这些都不是他的本业，他的本业是搞文学。他如今开始用鸡爪子蘸墨，整理自己的文稿，编成了《东坡志林》。又和苏辙合作，为五经作注。他已经注完了《易经》和《论语》，现在又注完了《尚书》。

东晋陶渊明弃官归乡，酒后作诗："采菊东篱下，悠然见南山。山气日夕佳，飞鸟相与还。此中有真意，欲辨已忘言。"字里行间充溢着抛离官场纷争，走进乡村的恬淡与自然。东坡如今和陶渊明越来越像，他没有陶渊明的冲淡虚静，但是他有着陶渊明所不具备的风雷渊默。

"和陶诗"是他追和陶渊明诗韵而创作的诗歌，现存124首，是诗人在生命中的最后十年，主要于扬州、惠州、儋州三地完成的，越写，和陶渊明的心境、和陶诗的意境越像。

比如他的《和饮酒》其四：

栖栖失群鸟，日暮犹独飞。
徘徊无定止，夜夜声转悲。
厉响思清远，去来何依依。
因值孤生松，敛翮遥来归。
劲风无荣木，此荫独不衰。
托身已得所，千载不相违。

《和饮酒》其七：

秋菊有佳色，裛露掇其英。
泛此忘忧物，远我遗世情。
一觞虽独尽，杯尽壶自倾。
日入群动息，归鸟趋林鸣。
啸傲东轩下，聊复得此生。

《和饮酒》其九：

清晨闻叩门，倒裳往自开。
问子为谁与？田父有好怀。
壶浆远见候，疑我与时乖。
褴缕茅檐下，未足为高栖。
一世皆尚同，愿君汩其泥。
深感父老言，禀气寡所谐。
纡辔诚可学，违己讵非迷。
且共欢此饮，吾驾不可回。

苏轼和陶诗并非纯粹模拟之作，他是借渊明之酒杯，浇自我之块垒。他让弟弟给这些和陶诗作序，在给弟弟的信里说："然吾与渊明，岂独好其诗也哉！如其为人，实有感焉。"

不过，实话实说，两个人的经历不同，性情也不同。陶渊明写不来他的"大江东去"，他也写不来陶渊明的"采菊东篱下，悠然见南山"。

元符二年（公元1099）立春，东坡作词《减字木兰花·立春》：

春牛春杖。无限春风来海上。便与春工。染得桃红似肉红。

春幡春胜。一阵春风吹酒醒。不似天涯。卷起杨花似雪花。

潇洒、跌宕、肆意如风卷杨花，这才是他的风格。

第四节　小舟从此逝

公元1100年2月23日，酷爱女色、崇尚新法、摧残元祐党人的哲宗皇帝驾崩，享年23岁。他身后无嗣，于是太后向氏主持，由他弟弟赵佶即位，是为徽宗。

徽宗刚上台时，也是太后摄政。新党和旧党的处境，又要再来一次大倾大覆。

徽宗即位的当年四月，朝廷颁诏：所有元祐老臣一律赦罪。

苏东坡被允许以琼州别驾身份内迁廉州。

苏东坡要走了，他还欠着秀才黎子云的酒菜钱，只好给人家作了一首留别诗，冲抵了债务。苏过、道士吴复古，还有东坡的爱犬“乌嘴”陪他一起离开。

路上，东坡又被授舒州团练副使、永州居住，而且也没有了“不得签署公事”的限制。

好吧，那就去永州吧。

在路程规划上，苏东坡先回广州，准备从此地往北过大庾岭，再由江西到湖南。

广州太守朱行中每天都设宴招待他，当地的才子文人都争着来看他、陪他，没有一个人不想看看活的苏东坡。

他的船经过新淦，数千民众围堵他，请他给他们造的新桥题名，东坡就在船上手书“惠政桥”三字。

他走到大庾岭，在村店休息，遇着一个白头发的老头儿，也向他求诗，他欣然题壁：

鹤骨霜髯心已灰，青松夹道手亲栽。

问翁大庾岭头住，曾见南迁几个回？

他觉得自己好幸运，贬得那么远，居然还能回来。

十月份，东坡和家人团聚。

在一次宴席上，朋友开玩笑：“传说你已仙去，当时还真以为你死了。”

苏东坡笑答："不错，不但死了，并且还到了阴曹地府。不过在阴间路上遇见了章惇，才下决心又还了阳。"

对于这个既是朋友、又是仇人的人，东坡的感情相当复杂。

东坡得了腹痛腹泻的病，迁迁延延，老是好不利索。

这天，他来到了靖江，百姓们争相欢迎，还奔走相告，说朝廷又要重新起复苏大人了，苏大人又要回朝廷做高官去了。

靖江是小二娘的夫家。可是靖江犹在，小二娘已经不在了。早在绍圣三年（公元 1096 年）四月十九日，苏东坡的堂妹小二娘去世。他接到丧信，已是三个月后。东坡为小堂妹作祭：

祭亡妹德化县君文

呜呼！宫傅之孙，十有六人。契阔死生，四人仅存。维我令妹，慈孝温文。事姑如母，敬夫如宾。玉立二甥，实华我门。一秀不实，何辜于神。谓当百年，观此腾振。云何俯仰，一鞶再呻。救药靡及，奄为空云。万里海涯，百日赴闻。拊棺何在，梦泪濡茵。长号北风，寓此一樽。

这样的祭文，读来真的令人悲痛。他说他的小堂妹，为人慈孝温文，孝顺婆婆，敬爱夫君。他说他的小堂妹生了两个孩子，都好得很。可是这么好的小堂妹，却早早地死去。他想拊一拊棺木，可自己却在海角天涯。没办法只好把痛苦深埋，但是白天或许忘却，睡后却在梦里醒来，泪如雨下，把身下的褥子都打湿了。他在北风中仰天长号，端起一杯酒，和泪咽下。

他在写给两个妻子的祭文中，都没有这样强烈和鲜明的情感波动。就是那么不能宣之于口，但又像咳嗽一样掩藏不住的爱情。它的滋味是苦的，而且是往哑巴嘴里塞一嘴黄连，不能说，说不得。

他带着孩子们去小堂妹夫妇在靖江的坟墓前祭拜，他再次为亡者写了祭文：

我厄于南，天降罪戾。方之古人，百死有溢。天不我亡，亡其朋戚。如柳氏妹，夫妇连璧，云何两逝，不憖遗一。我归自南，宿草再易。哭堕其目，泉壤咫尺。闳也有立，气贯金石。我穷且老，似舅何益……

他说，我困厄于南地，是老天爷降下的罪戾。比起古人来说，百死不足赎罪，但是老天爷没有让我死，却让我的亲朋好友死去。就像柳氏妹妹，和她的丈夫如同连璧，怎么会两个人都死去了呢，也不给留下一条命来。我从南地归来，坟上的青草已经黄了又绿。我的眼泪大颗落下，和他夫妻二人阴阳永隔，又人间地下近在咫尺。墓前有门，气魄雄伟（一说后代气魄雄伟）。我却既穷且老，像我这样的舅舅，又有何益……

在去永州的半路上，苏轼又接到旨意，连永州也不命他住了，他爱住哪儿住哪儿。彻底自由了。

这个时候，章惇已被贬去雷州半岛，其长子章援要去探望父亲。

章援当时是东坡取中了他，他才得了功名，所以东坡算是他的老师。他给东坡写信替父亲求情，因为大家都在风传，说东坡又要重新起复，他怕东坡报复章惇。

东坡给章援回信，说他与章惇相交多年，虽政见有异同，但交情未变。拜章惇所赐，他饱经风霜，如今章惇同样风烛残年，要受风霜之苦，此时他对这个人嫌怨散尽，只剩同情。还嘱咐章援如果去的话，可以带许多的药，既可以为自己治病，也可以给邻里乡党治病。

给章惇治不治病他也许不大关心，但是，他愿意给那些素昧平生的人治病。

东坡的身体越来越差了，走不动路了，就停在仪真（今仪征），等着孩子们来接他。

画家米芾给他送来麦门冬汤。米芾在他面前是个小年轻，这个孩子疯疯癫癫的，素有“米癫”和“米痴”之称。当年苏东坡知扬州，会宾宴客，里头也有米芾。也不知道米芾怎么了，突然举着酒杯冲东坡大叫：“众人都说我疯癫，请先生给我评个公道。”

苏东坡哈哈一乐："我从众。"

大家也都哈哈一乐，米芾笑得最大声。

苏东坡觉得身体好了一点，又往常州进发。这时候他已经接到了朝廷敕令，他被复官朝奉郎，并主持成都玉局观，明诏任其在外州军居住。

这就算内退了。

在金山寺妙高台，他提笔作偈：

> 心似已灰之木，身如不系之舟；
> 问汝平生功业，黄州儋州惠州。

他坐的船还没有到常州，已有数千百姓拥在河边、登上高阜，只为一睹东坡真容。他们在欢迎他们的才子。

他们知道他做的好事，也知道他受的恶气，知道他的诗才，也懂得他的悲哀。他们爱他，敬他，不知道怎的，竟也有些怜他。当爱一个人、敬一个人到了深处的时候，好像总归是会怜惜的，哪怕他曾经权倾朝野，如今依旧名满天下。

苏东坡勉力坐起，在舟中抱拳致意，不知道怎的，想起了卫玠来："众人如此欢迎，是想要看杀我苏轼吗？"

卫玠是晋朝时著名的玄学家，也是有名的美男子。他不论去哪里，总有人争相围观。围观的人太多，每一次卫玠都要花费很大的力气才能冲出重围。他本来就弱，这样逃来逃去的，就累病了，然后死掉了。

到了常州，好友钱世雄给他租了一栋房子。他上表朝廷，请求不再出仕。

文人名士纷纷来探望他，他扶着病体勉强出来会客，苍白着脸，想大说大笑，却没力气。即便这样，那些见到他的人也心满意足，因为还有好些人尚且见不到苏轼本人。

很快，东坡就不能起床了。

东坡和弟弟自从雷州海边分手后，再也没有见过面。东坡手里还有在儋州完成的给《论语》《尚书》《易经》三书作注的书稿，都托付给了钱世雄。

建中靖国元年（公元1101年）七月十五日，苏东坡高烧不退，牙龈出血。

七月十八日，他把三个儿子叫到床前，嘱托后事。他把自己的生平事迹回想了一遍，觉得自己不曾做过恶事，死后当也不会进地狱，所以让儿子们不要为他担心。

他想起了他的弟弟。当他爱说话，一张嘴就哇哇哇的时候，弟弟却以手指口，提醒他说话注意。这一辈子，母亲为他骄傲，父亲为他荣耀，而弟弟为他担了大半辈子的心。他的大名传到海外，弟弟担心异邦的人知道了他，将来他想放舟海上都不能。

“我死之后，就由子由来替我写墓志铭吧。”他说。

后来，弟弟在他的墓碑上是这样写的：

我初从公，赖以有知。抚我则兄，诲我则师。

我小时候跟你玩，长大了依靠你懂得道理，你抚养我的时候是兄长，教育我的时候是老师。

东坡又想起了他的两任妻子、一个妾室。他平生谑浪笑傲，皆因他的背后都是贤妻，而这一个美妾又是知音。如今，这三个女人葬于三处：王弗那里，有公婆照拂；朝云已做了散花天女；唯有闰之这个小小的村姑，跟着自己过了好些惊怕、颠连、艰苦的日子，还替自己打酒喝。所以，自己和闰之埋在一起吧。将来自己再犯了懒，不愿意处理这些家务琐事而跑到山上和尚庙里躲清静的时候，总得有人替自己打理这一切啊。当自己再陷入烦躁心绪的时候，总得有人劝劝自己，嗔骂自己一两句，再拿出酒来，替自己倒满酒杯。

于是，他吩咐儿子们，把自己和王闰之合葬在一起。

葬在哪里呢？葬得离弟弟家近一些吧。活着未曾见着最后一面，死后魂灵可以飘去看看子由。他决定把坟墓选在苏辙家附近的嵩山山麓上。

东坡一天天衰弱下去，高高大大的一个人，如今好像缩短了一样，面容是不正常的潮红里泛着青灰。谁都知道他快不行了，所以，公元1101年七月二十五日，苏东坡在杭州的老友维琳和尚来探望后，就一直没有离开。

二十六日，东坡呼吸急促，维琳和尚劝他念几首偈语。东坡笑了笑说："那些高僧呢？鸠摩罗什呢？不也都死了？"

二十八日，随着东坡艰难地一呼一吸，仿佛可以看见他生命的微光就那样一起一伏、一伏一起，渐渐暗淡下去，马上就要熄灭了。

维琳和尚贴着他耳朵："端明（东坡爱称），你现在要想着西方啊。"

苏东坡神智尚在，轻声回答："西天也许有，空想前往，又有何用？勉强想就错了。"

床尾，他的好友钱世雄也守在旁边，对东坡打了一句机锋："端明平日学佛，此日如何？"

他回了一句机锋："此语亦不受……"

他的呼吸停止了。

时值公元1101年8月24日，阴历七月二十八。中国历史上伟大的文学家、书法家、画家、唐宋八大家之一，苏轼去世了，享年六十四岁。

小舟从此逝，江海寄余生。

不对。小舟从此逝，江里海里，都不再有他仰天长笑或者俯首垂钓的影子。

尾声

东坡仙逝的消息长了翅膀，迅速传遍全国各地。

黄庭坚在荆州，他把苏东坡的画像挂在卧室里，每早晚正冠易服、焚香礼拜。

张耒在颍州，举哀行服，出薪俸于福禅寺院，招诸僧侣行法事。

太学生侯泰、武学生杨选等人，与苏东坡素不相识，设灵堂于京师，守灵者多达二百多人。

东坡的弟子们居于各处，就在居处设立灵堂，人们纷纷前去拜祭。

参寥子用一首挽诗祭知己：

> 峨冠正笏立谈丛，凛凛群惊国士风。
> 却戴葛巾从杖履，直将和气接儿童。

好友王定国疏文致哀，门徒李方叔也撰文悼念，寥寥数句，道尽生平：

道大不容，才高为累。皇天后土，鉴平生忠义之心；名山大川，还千古英灵之气。识与不识，谁不尽伤？闻所未闻，吾将安放。

东坡的一生，好像一只充满了浩然之气的皮口袋，别人的口袋里只充了一立方米，他的口袋比别人的大，充的气也比别人多，大约有一百立方米，所以，别人的浩然正气没有了，消缩了，人也变得萎靡、暗弱、冷血，他却依旧活力四射，哈哈大笑着，作他的诗，填他的词，看他的月亮，游他的赤壁，救世间的孤儿，怜天下的万民。

他有男人都有的小毛病，好喝酒，喝完酒后好吹牛皮；他好色，动不动跟妓女搅在一起，但他又不滥淫；他好僧，又吃酒肉；好道，又不当道士；好诗词歌赋，可是他的本业是当官。反正他总是串行，串着串着，本业好像成了副业，副业变成他的标志。

他死在北宋灭亡的前夕，他死后二十多年，北宋就走到了尽头。

崇宁元年（公元 1102 年），蔡京为相，朝廷立元祐奸党碑于端礼门，上刻奸臣 124 人，苏轼、苏辙、苏洵赫然在列，一门三奸党。

崇宁三年（公元 1104 年），重刻元祐奸党碑，这回网罗了 309 人，连苏过也“榜”上有名，一门四奸党。

公元 1126 年，宋徽宗退位，钦宗即位，改年号为靖康元年。

公元 1127 年，徽、钦二宗为金国所虏，北宋灭亡，南宋诞生，建元建炎。苏东坡被追封为端明殿学士。

绍兴元年（公元 1131 年），苏东坡被提拔为资政殿学士，他的孙子被授知蜀州。

孝宗乾道六年（公元 1170 年），苏东坡被谥封文忠公。

乾道九年（公元 1173 年），苏东坡被荣封“太师”。

清代乾隆皇帝 1757 年巡视江南，亲自追访东坡遗踪，在常州题匾“玉局风流”。

大江东去，浪淘尽，千古风流人物。可是有的风流人物，是淘不尽的。